Anka Zink

SEXY
IST WAS
ANDERES

Fummeln war früher
Heute ist twittern

Unter Mitarbeit
von Diana Knezevic

Dieses Buch basiert auf den Inhalten des Bühnenprogramms »Sexy ist was anderes«
von Sabine Jürgens und Anka Zink, Köln 2010 (siehe besonders die grau unterlegten Texte)
www.ankazink.de oder follow me on facebook

© 2011 VGS
verlegt durch EGMONT Verlagsgesellschaften mbH,
Gertrudenstraße 30 – 36, 50667 Köln
Alle Rechte vorbehalten.

Vermittlung: Swantje Steinbrink, Berlin
Umschlaggestaltung: Zero Werbeagentur, München
Foto Umschlagvorderseite Linn Marx
Fotos Seite 28 und 55: Anka Zink
Layout & Satz: Hans Winkens, Wegberg
Druck: CPI – Clausen & Bosse, Leck
ISBN 978-3-8025-3749-3

www.vgs.de

Inhalt

Zielgruppe oder User-Kompatibilität

Wenn Sie auf den ersten zwei Seiten mehr als dreimal nicken, können Sie der Gebrauchsanweisung folgen.

Haben Sie sich auch schon gefragt, warum manche Menschen ihr Smartphone im Restaurant auf den Tisch legen und häufiger darauf blicken als ihrem Gegenüber in die Augen? Erwarten die eigentlich sekündlich eine persönliche Nachricht von Angela Merkel oder dem Chef des Internationalen Währungsfonds?[1]

Dieses Buch richtet sich an alle, die mit multifunktionalen Geräten maximal ausgestattet sind, aber kurz davor stehen, eine Delphin-Therapie aufgrund von Reizüberflutung und ADHS zu buchen. An diejenigen, die Nacktscanner am Flughafen und die unendliche Vorratsdatenspeicherung als eine Zumutung empfinden, denn die meisten Menschen sind nun mal nicht hauptberuflich Terrorist.

---

1 Der wurde übrigens während des Schreibens dieses Buches verhaftet, aber das passt ja gut zum Titel.

An alle, die sich über das unvermittelte Auftauchen einer fünften Fernbedienung ärgern, von der sie sich jeden Abend aufs Neue fragen: »Wofür ist die eigentlich und wie, zum Teufel, kriege ich diese verdammte Glotze lauter oder leiser?«

Dieses Buch wendet sich aber auch an die Menschen, die es leid sind, Gebrauchsanweisungen zu lesen, die der Betriebsanleitung einer Windkraftanlage in der Nordsee ähneln.

An die, die ihre Handys nur mit Wehmut wechseln, wenn sie kaputt sind, und nicht, weil der auslaufende Vertrag ein neues Gerät aufdrängt. Vielleicht aus nostalgischen Gründen, weil sie sich dran gewöhnt haben oder weil sie an Textnachrichten hängen, die darin »feststecken« – und sie nicht wissen, wie man sie dort »herausholt«.

An die, die ihre Bücher noch im Buchladen kaufen, weil sie das Stöbern lieben und gern beraten werden. An die, die gerne noch persönlich adressierte Postkarten versenden und erhalten, weil damit ein schöner Augenblick verbunden ist.

An die, denen die Geschwindigkeit der technologischen Entwicklung vorkommt, als befänden sie sich ständig in einem Wagen ohne Windschutzscheibe auf der Überholspur der Autobahn.

An die, die das eigene Leben nicht permanent bei Facebook publizieren. Ja, an die, die gar nicht in sozialen Netzwerken angemeldet sind, weil sie lieber gute Freunde zum Essen einladen, statt ein Foto vom Risotto zu *posten.*

An die, die denken, das iPhone sei Mist, weil man damit nicht telefonieren kann, da das Smartphone nämlich aufs *Touchen* reagiert und sobald es ein Ohr *toucht,* legt es gerne automatisch auf.

An Menschen, die gar nicht einsehen, warum sie neben ihrem Festnetzanschluss und dem Handy noch eine dritte mobile Einheit benötigen. Die nicht ständig via E-Mail auf dem Blackberry erreichbar sein möchten, weil sie noch an eine gewerkschaftliche Errungenschaft glauben, und die heißt: »Wenn Feierabend ist, ist Feierabend.«

An die Menschen, die zwar unfallfrei einen Induktionsherd bedienen können, aber den Controller einer Sony PlayStation für einen unförmigen Vibrator halten.

An diejenigen, denen *quality time* nicht ein *must have* zur Vermeidung von *burn-out* bedeutet, sondern Bestandteil eines guten Lebens ist, *formerly known* als Freizeit.

An die, die mit Familie, Job, Haushalt und Freunden ausgelastet sind und die hinter multifunktionalen Geräten eine zusätzliche Belastung und unnötige Zerstreuung vermuten. Die ahnen, dass sich hinter dem Versprechen, durch technische Errungenschaften würde alles einfacher, eine andere Wahrheit verbirgt, und zwar die, dass eigentlich alles komplizierter wird.

An die Menschen, die Mitleid haben mit unseren älteren Mitbürgern, die sich seit fast zwei Dekaden fragen:

»Was bedeutet eigentlich dieses ›www‹ in der Fernsehwerbung?« An Menschen also mit einer gewissen Empathie und einem analogen Weltverständnis, das sich insofern vom digitalen Weltverständnis unterscheidet, als es mit *Anfassen* und nicht mit *Anstupsen* einhergeht.

Falls Sie sich und Ihre Empfindungen an irgendeiner Stelle wiedererkannt haben, folgen Sie nun bitte der Gebrauchsanweisung.

Gebrauchsanweisung

Schlagen Sie auf – und schlagen Sie zurück!

Sie können dies lesen, wie Sie im Internet surfen. Schlagen Sie auf, lesen mal hier, mal da, verwerfen Sie, wählen Sie auf ein Neues aus.

Dieses Buch ist kein klassischer Ratgeber. Dieses Buch ist ein Anreger. Weder ein moralisierendes, konsumfeindliches Manifest noch eine buddhistische Theorie über »Weniger ist Mehr«. Es ist der Versuch aufzuzeigen, dass wir alle in einem digitalen U-Boot sitzen, in dem es verdammt eng und laut ist, in dem wir unser eigenes Wort kaum verstehen und in dem wir ständig angestupst werden. Keiner weiß, wo die Reise endet, und bei genauer Betrachtung fällt uns auf, dass sogar der Steuermann fehlt.

Sie werden im Folgenden vor allem mit den Risiken und Nebenwirkungen der Geräte und sozialen Netzwerke vertraut gemacht, die täglich um uns herum piepen, blinken, klingeln, leuchten und brummen. Denn wer die Risiken und Nebenwirkungen kennt, braucht die Apothekenrundschau nicht mehr zu lesen.

Vielleicht dachten Sie, Sie seien erwachsen. Doch dann kam Facebook. Und seit es Facebook gibt, ist die Pubertät wieder omnipräsent. Insofern ist dies auch ein Aufklärungsbuch. Ein Prozessleitfaden. Ein Herrschaftsinstrument, mit dem Sie wieder die Herrschaft über Ihr eigenes Leben zurück erlangen. Eine gleichwohl vergnügliche als auch kritische Anleitung für die Nutzung moderner Maschinen und Medien, die sich anschicken, Ihr Leben zu virtualisieren, zu youtubisieren, zu navigieren, zu googelisieren, zu manipulieren und zu terrorisieren. Also: Schlagen Sie auf – und schlagen Sie zurück!

Onliner und Nonliner

Wie Sie sich einmal ohne Geräte verlieben konnten
und wie Sie es heute trotz der Geräte schaffen.

In der Zeit, als ich jung war, war ich technisch ganz weit
vorn. Ich besaß einen Schwarz-Weiß-Fernseher, ein
orangefarbenes Wählscheiben-Telefon, mit dessen Hörer man ohne weiteres jemanden hätte erschlagen können
oder mit dessen Spiralschnur man sich selbst oft zu erwürgen drohte. Dazu gehörte ein Anrufbeantworter mit Kas-
setten, die heute im deutschen Museum für Technik ausge-
stellt werden. Mein Postsparbuch wurde mir von Onkel
Bankberater vermittelt, der meiner Familie seit Jahrzehnten persönlich bekannt war. Und meine Tante Gabriele
schenkte mir eine Schreibmaschine, die so hieß wie sie
selbst. Der klapprige R4 war das Auto, das man fuhr, bevor
es die Generation Golf gab. Außerdem konnte ich meinem
Freundeskreis mit einer Kilo schweren Nikon-Kamera im-

ponieren. Natürlich waren all diese Geräte gebraucht. Aber sie funktionierten.

Das reichte, um ganz Westeuropa und Skandinavien zu bereisen, Erinnerungsfotos zu machen, eine Diplomarbeit zu schreiben und sich gern und häufig zu verabreden. Zum Beispiel, um Rudi Carrells »Am Laufenden Band« oder Hans Rosenthals »Dalli Dalli« im Fernsehen anzuschauen. Manchmal gammelten wir aber auch einfach nur rum, was man heute als »chillen« bezeichnet.

Das reichte auch, um sich zu verlieben, um glücklich zu sein oder zu leiden. Es reichte, um etwas zu erleben.

Wir konnten all das so machen, weil wir Zeit hatten. Die Gebrauchsanweisungen für unsere Geräte waren nahezu überflüssig, da kein Gerät mehr als zwei Funktionen besaß. In der Regel waren das übrigens die Funktionen *an* und *aus.* Wenn du Geld brauchtest, hast du irgendeinen Job gemacht und bist von der Kohle mit dem R4 und ein paar Freunden in den Urlaub gefahren. Und wenn du öfter als dreimal auf jemanden gewartet hattest, mit dem du verabredet warst, war der eben nicht pünktlich und flog aus deinem kleinen Adressbuch. Ich war zwar offline, aber mein Leben war in Ordnung. Ich hatte nie das Gefühl, irgendwas zu verpassen. Kurz, ich war wohl das, was man heute als *Nonliner* bezeichnen würde. Und es war verdammt sexy.

Heute ist jeder online.[2] Die meisten haben einen internetfähigen HDTV-Fernseher mit eingebautem DVB-T und DVB-C-Tuner, 500 Programme sowie ein iPhone, das mit seinen zahlreichen Apps eigentlich fast alle anderen Geräte, bis auf das Auto, obsolet macht.

Wir haben ein Online-Konto mit diversen Kreditkarten, mindestens 10 Pins und 1000 Tans sowie mehrere Computer in verschiedenen Größen für das Home-Office, für Reisen und fürs Geschäft. Dazu ein iPad oder Kindle zum Lesen der Tageszeitung oder zur Darstellung von nachts im Bett entwickelten Power-Point-Präsentationen. Externe Festplatten oder einen mp3-Player, auf denen acht Terabyte Fotos, Filme und Musik lagern, die noch nie jemand betrachtet oder gehört hat. Noch nicht mal wir selbst!

Drucker, mit denen man scannen, kopieren und telefonieren kann, aber nichts davon richtig.

Digitalkameras mit eingebauter südkoreanischer Mimik- und Menüführung, mit der man das Paarungsverhalten von Seepferdchen unter Wasser fotografieren kann, bei

---

2   De facto sind heute 60% der Deutschen online. Was der Rest macht, gilt nicht als erwiesen, aber vermutlich angeln die, sammeln Pilze oder liegen im Altenheim und warten darauf, dass Besuch kommt. Es ist schwer nachzuvollziehen, was diese 40% tun, denn sie hinterlassen keine Spuren im world wide web. Offenbar sind sie auch nicht durch ihr iPhone zu orten. Deren Vorratsspeicherung findet aller Wahrscheinlichkeit nach noch in der Vorratskammer und nicht auf einem fremden Server statt. Referenz: http://www.spiegel.de/netzwelt/netzpolitik/0,1518,758149,00.html

der man aber für einen Schnappschuss vor lauter Optionen den Auslöser nicht findet.

Navigationsgeräte für jedes Familienmitglied, die immer dann abstürzen,[3] wenn man sie wirklich mal dringend braucht und Autos, die permanent piepen.

Natürlich sollten alle Geräte neu sein, denn sie haben scheinbar ein eingebautes Verfallsdatum. Eventuell sogar einen Selbstzerstörungsmechanismus. Das reicht auch, um etwas zu erleben. Spätestens, wenn Ihnen so ein Teil um die Ohren fliegt oder nicht mehr aufhört zu piepen, haben Sie etwas Exzeptionelles erlebt.

Die meisten verlieben sich heute eher in die glatte Oberfläche ihres Smartphones als in ihr Gegenüber am Tisch eines Cafés. Menschen verspüren Glück, wenn sie es geschafft haben, die Programme auf ihrem neuen Fernseher so zu installieren, dass auf den ersten 20 Plätzen muttersprachliche Sender erscheinen und die restlichen 480 Shopping-Kanäle sowie Al Jazeera auf den hinteren Plätzen rangieren.

Und wir alle leiden Höllenqualen, wenn wir unsere Datei, in der alle Pins, Geheimzahlen und Passwörter aufbewahrt sind, so gut im Computer versteckt haben, dass wir sie selbst nicht mehr finden. Das hindert uns am Schlafen,

---

3 Und mit »abstürzen« ist in der Tat auch das Herunterfallen von der Windschutzscheibe gemeint, oder bleibt Ihr Navi etwa dort hängen, wo es drangepappt wird?

am Essen und am Arbeiten. Und es stiehlt uns das wichtigste Gut: Zeit.

Dafür sind wir online. Aber wir erleben nichts mehr, im Sinne von »vor die Tür gehen«. Warum sollten wir auch? Wir haben ja Google Street View und Google Earth. Man kann sich Skandinavien und Westeuropa mittlerweile prima im Internet ansehen. Sogar Kirchrüsselbach in der fränkischen Schweiz!

Und seit wir ständig online sind, treibt uns die Angst um, irgendetwas zu verpassen. Wir hecheln dauernd hinterher, weil wir das Gefühl haben, immer etwas erledigen zu müssen (Überweisungen tätigen, E-Mails beantworten, Testament schreiben)[4]. Uns plagen *Kommunikationsschulden*, die wir nicht hätten, wenn wir offline durchs Leben laufen würden. Wir leiden zudem unter einem Gerätefürsorge-Syndrom. Demnach neige ich zur Verwahrlosung, denn ich habe noch nicht einmal die Telefonnummern der letzten vier Handymodelle untereinander synchronisiert. Ich kenne höchstens ein Prozent meiner Outlook-Funktionen und verschicke Fotos stets in der größtmöglichen Auflösung mit 15 Megabyte pro Bild. Die sind so groß, da

---

4 Früher standen im Testament die Begünstigten und die Aufteilung des Vermögens. Heute beginnt ein Testament mit einer zweiseitigen Dokumentation über die analogen und digitalen Aufbewahrungsorte von Accounts und Passwörtern für den Nachlassverwalter.

kann der Empfänger ohne Lupe auf einem Fußballplatz die vierblättrigen Kleeblätter erkennen! Dabei wollte ich eigentlich meinen Neffen beim Torschuss zeigen. Kurz: Das ist irgendwie nicht in Ordnung! Sexy ist definitiv was anderes.

Landebahn in der Wohnung

Es scheint, als habe inzwischen jeder seinen persönlichen Media Markt in der Wohnung. Ich weiß nicht, wie es Ihnen ergeht, aber früher kannte ich mich zu Hause im Dunkeln aus. Wenn ich nachts wach wurde, um mir ein Glas Wasser in der Küche zu holen, fand ich mich zurecht. Doch seit einigen Jahren ist dieser Weg vom Bett in die Küche beleuchtet: In rot, blau und grün. Von Ladegeräten und zahllosen Stand-by-Lämpchen, vom Fernseher, vom Anrufbeantworter und von der elektrischen Zahnbürste. Mein Weg vom Bett in die Küche sieht aus wie die Landebahn vom Flughafen. Ich habe manchmal Angst, dass dort bei Nebel eine Tupolew notlanden könnte!

Neulich bin ich nachts in meiner Wohnung aufgewacht, so meinte ich zumindest. Aber alles war dunkel! Da habe ich mich erschrocken und gedacht: Wo bist du? Das kann nicht DEINE Wohnung sein! Das muss eine andere sein! Und ich befinde mich in einer

Beziehung, wo so etwas gelegentlich zu Komplikationen führt. Ich wusste sofort, dass ich mich da nicht mehr herausreden konnte. »Ruf zu Hause an, erklär die Geschichte und sag ganz ehrlich, wie es ist.«

Daraufhin griff ich nach meinem iPhone, das erst mal entriegelt werden wollte. Aber entriegel mal etwas, von dem du nicht weißt, wo oben oder unten ist! Als ich mich endlich durch meine Kontakte geblättert hatte – also: ADAC, Bahn, Blumen, Börse und Horoskop –, fand ich die Nummer, die ich suchte. Endlich klingelte das Drecksding und am anderen Ende ging auch jemand dran. Eine verschlafene Stimme murmelte: »Was ist denn los?« Und ich antwortete: »Hör mal, ich will gar nicht lange drum herumreden. Ich bin hier in einer Wohnung, die komplett dunkel ist.« Und die andere Stimme sagte: »Ja, ich weiß. Ich habe die Sicherung rausgedreht, weil mir die Lämpchen auf den Keks gingen. Aber warum rufst du denn an? Ich liege neben dir!«

Das ist der Punkt, an dem gesunder Zweifel angemessen ist. Sind wir der Sache überhaupt noch gewachsen? Es kann doch nicht die Lösung sein, einfach mal die Sicherung rauszudrehen! Wann ist Ihnen das letzte Mal die Sicherung rausgesprungen? Und? Haben Sie sich danach einen Tag freigenommen, um alles neu zu programmieren? Den Fernseher, die Kaffeemaschine, den Radiowecker, den Kühlschrank, die Heizung oder das neue Bett mit der elektrisch verstellbaren Rückenlehne, die nun immer parallel zum Garagentor des Nachbarn rauf- und runtergeht? Und all das nur, weil Sie die Sicherung rausgedreht haben?!

Da verliert der Mensch doch seine Würde und vor allem seine Souveränität! Man ist nicht mehr souverän, wenn man nachts um halb zwei mit der Lesebrille auf allen vieren hinter dem Fernsehschränkchen liegt und den Reset-Knopf sucht! Das ist demütigend, weil man am Ende das doofe Nachbarskind um Hilfe bitten muss! Da wünscht man sich doch, dass man damals den Fußball früher zurückgegeben hätte.

Der WLAN-Sinn hat Methode

Wie Sie Ihre fünf Sinne benutzen, Ihren 6. Sinn schärfen und den WLan-Sinn neu für sich entdecken.

Vieles ist trotzdem gleich geblieben: Die Lebenserwartung eines Menschen beginnt mit der Geburt und endet mit dem Tod. Die jedem Menschen zur Verfügung stehende Zeit ändert sich nicht wesentlich. Die Frage lautet: *Wie verbringe ich die Zeit zwischen Geburt und Tod?* Was ist qualitativ sinnvoll, befriedigend und abwechslungsreich? Was ist wirklich wichtig für mein Leben? Was hat eine nachhaltige Bedeutung? Wie erhalte ich mehr Anregung und weniger Aufregung? Mit möglichst vielen netten, lustigen Menschen beim Grillen? Oder mit 596 Freunden bei Facebook, von denen man höchstens zehn Prozent schon mal persönlich getroffen hat? Gibt es unter Umständen den gesunden Mittelweg, mit dem sich jeder glücklich schätzen kann? Gibt es sie, die Balance zwischen Wurst und WLAN? Und wenn ja: Wo bleibt das Privileg der persönlichen Erinnerung?

Ich halte gerne ein Foto in der Hand, weil ich es reizend finde, wenn dieses verblasst. Dieser Vorgang vergegenwärtigt mir, dass Dinge vergänglich sind und altern. Wie wir auch. Die heutige digitale Fotografie hat nicht nur zu viele Pixel, sie nimmt auch zu viel gesellschaftlichen Raum ein. Von Partys existieren plötzlich 250 Bilder auf zwölf unterschiedlichen Apparaten, die niemand mehr zu sehen bekommt, da sie auf Speicher-Chips verschwinden.[5] Allein die Menge der Fotos macht eine genüssliche Betrachtung unmöglich. Und selbst wenn nach einer Party CDs an alle Gäste verteilt werden, legt man die in den seltensten Fällen ins Laufwerk des Rechners. So verschwinden Erinnerungen an ein vergnügliches Leben gerne auf einem Stapel aus Makrolon[6], der selbst den Angehörigen nach einem Ableben kaum den Anreiz bietet, erforscht zu werden. Fazit: Man knipst um sein Leben. Herum.

Das Haptische, das Sinnliche geht dabei verloren, so wie wir ständig dazu genötigt werden, unsere natürlichen Sinne durch Hilfskonstruktionen zu ersetzen. Das ist wie mit dem Glutamat in der Tütensuppe: Industriell vorge-

---

5 Viele junge Ehen werden schnell wieder geschieden, weil niemand das Paar beim Anschneiden der Hochzeitstorten fotografiert hat, da zuvor Myriaden von Bildern mit Blitzlicht von der Servietten-Falttechnik aus der Froschperspektive geschossen wurden und der Akku leer ist.
6 Neudeutsch für Plastik.

fertigt und schnell konsumiert, aber keiner weiß mehr, wie Suppengemüse überhaupt aussieht, geschweige denn, wofür man es braucht. Aus der TV-Werbung zur Suppe geht hervor, dass das Gemüse liebevoll vom Großvater gezüchtet und kompetent von der Großmutter gekocht wurde. Falls wir es wirklich waren, die damals als glückliche Fünfjährige begeistert zum Tisch gerannt sind, dann sorgt heute Glutamat dafür, dass wir die wasserlöslichen Staubkrümel geschmacklich – so wie wir es einmal kennengelernt haben – als Gemüsesuppe *empfinden.* Man zwingt uns also, Empfindungen von unserer Erinnerung zu borgen.

Aber wie bewahrt sich der Mensch bei der allgegenwärtigen Manipulation unserer Wahrnehmung seine fünf gesunden Sinne – sehen, hören, schmecken, riechen und fühlen? Bekanntlich machen diese fünf Sinne den Menschen aus, und damit unterscheiden wir uns von einer Butterblume oder einem Stein. Es gibt allgemeiner Erfahrung nach aber noch einen zusätzlichen Sinn – den 6. Sinn. Diese Bezeichnung für die sogenannte Intuition wird meist im Zusammenhang mit *Eingebung* gebraucht. Das ist also ursprünglich das, was uns aus brenzligen Situationen zu retten vermochte, falls unsere anderen fünf Sinne versagten. Dieser oft auch als »Bauchgefühl« lokalisierte Sinn sorgt etwa dafür, dass wir beim Trampen nicht ins falsche Auto einsteigen. Mich hat diese Eingebung zum Beispiel mal mit dem letzten Tropfen Sprit in eine Herberge gebracht, in der ich nicht ausgeraubt wurde, sondern sogar auf die Toilette durfte!

Plötzlich hatte ich so eine Intuition, eine Eingebung – zufällig an jenem analogen Ort der Besinnung und Erlösung, wo der Kaiser zu Fuß hingeht: Wir brauchen unseren 6. Sinn, um das Wesentliche zu erkennen und wir brauchen einen weiteren, den 7. Sinn, um das Überflüssige auszuschalten. Sprich: Wir brauchen den 6. Sinn, um zu *überleben* und einen 7. Sinn, um *überhaupt noch etwas erleben* zu können.

Multitasking ist nämlich keine göttliche Gabe, sondern eine positive Bezeichnung für den Angriff auf unsere natürliche Konzentrationsfähigkeit. Es droht ein virtuell herbeigeführter Kollaps, weil wir uns ständig fragen müssen: Ist diese E-Mail mit den vorgeschlagenen Geschäftskontakten in Nigeria wirklich so lukrativ, wie sie scheint? Oder werfen wir sie besser direkt in den Papierkorb? Müssen wir mit dem Heiopei vom Callcenter sprechen, der uns einen neuen Telefon-Vertrag aufschwatzen will? Oder dürfen wir ihn ohne zu zögern anschreien, er solle gefälligst jemand anderen nerven? Und dürfen wir Oster-MMS mit Bildern von rammelnden Hasen unbeantwortet löschen? Ja. Ja! Das müssen wir uns leider fragen, und zwar ständig. Darum bleibt uns kaum Zeit, noch wirklich etwas zu erleben.

Deshalb brauchen wir den 7. Sinn zum Zweck der Selektion: Was von der Informationsmasse, die uns überflutet, ist überhaupt wichtig und richtig? Wir benötigen diesen 7. Sinn, um ein für alle Mal aufzuräumen und zu unterscheiden zwischen notwendig und hilfreich versus überflüssig und hinderlich. Und diesen 7. Sinn nennen wir jetzt einfach mal WLan-Sinn, weil man sonst automatisch an die Verkehrserziehung in der ARD denkt.

WLan-Sinn ist also das, was uns vor dem dubiosen Anteil unserer digitalen Umwelt retten kann. Es ist unermesslich, was da in der Luft liegt, in Form von Bluetooth, WLan und Elektrosmog. Hier wird eine ungeheure digitale Umweltverschmutzung produziert, gegen die wir uns mit Hilfe des WLan-Sinns zur Wehr setzen sollten.

Schließlich bleibt zu befürchten, dass unsere nachfolgenden Generationen sonst körperlich nur noch aus einem Rumpf mit langen Fingern bestehen – wie E.T. –, um die Tastatur, die Maus oder den Touchscreen betätigen zu können. Und das kann doch keiner wünschen, oder? Denn so ist es auch der kleinen Krabbe auf der Abbildung ergangen.

Die Folgen einseitiger Belastung

Winken hat Vor- und Nachteile

Diese, in Naturschutzgebieten lebende und an wenigen Orten, zum Beispiel an der Algarve, verbreitete Krabbe namens Uca tangeri hat durch die einseitige Belastung von Körperteilen extreme Ausprägungen (rechtsseitig) entwickelt. In grauen Krabben-Urzeiten markierte dieses Tier ihr Revier dadurch, dass sie anderen Krabben durch Winken mit der rechten Schere drohte. Übrigens auch dann, wenn gerade keine andere Krabbe zu sehen war. Sicherheitshalber oder vorsorglich sozusagen, wie es der Mensch auch häufig tut, wenn er sich langweilt oder sich einfach nur wichtig machen will.

Dadurch wurde das Muskelwachstum in der rechten Schere angeregt, die immer größer und schwerer wurde. Weil eine drohende Gebärde wirkungslos ist, wenn man dabei umkippt, wuchsen der Krabbe zwei kleine Hinterbeine zur Stabilisierung.

Wie man im Bild sieht, ist die eine drohende Schere im Verhältnis zum Restkörper ziemlich groß. Dadurch entstand ein neues Risiko: Die Fischer entdeckten die muskulöse Drohschere als Delikatesse und rissen sie der Krabbe einfach ab. Nun die gute Nachricht: Die Schere wächst nach. Es ist natürlich blöd für eine Krabbe, wenn sie eine Zeit lang nicht drohen kann, aber die anderen Krabben haben dann wenigstens das Gefühl, ihr Drohen habe etwas bewirkt.

Diese Geschichte sollten Sie erzählen, wenn Sie Ihrem Sohn für ein paar Tage das Handy wegnehmen, weil er zum wiederholten Male beim Abendessen einarmig Textnachrichten verschickt hat. Unterm Tisch, wohl gemerkt. Ohne hinzuschauen.

Wenn wir auch an dieser Stelle nicht beantworten können, wie man die Zeit zwischen Geburt und Tod idealerweise verbringen sollte, so können wir aber gewiss eine Einigung darüber erzielen, dass sowohl das Lesen von Spam-Mails aus Nigeria als auch Telefonate mit Callcenter-Mitarbeitern vollkommen überbewertet sind. Und zwar aus einem einzigen, guten Grund: Wir können immer erst *nach* der Wahrnehmung einer Botschaft beurteilen, ob sie es wert war, rezipiert zu werden. Und je mehr Müll wir auf unseren Schreibtisch und in unser Leben lassen, desto mehr müssen wir selektieren, was uns wiederum nur daran hindert, uns eine schöne Zeit im Garten zu machen.

Außerdem halten wir fest: Wir alle müssen offenbar lernen, unsere Abwehrmechanismen zu schulen, denn ähnlich wie die Ehe Probleme erzeugt, die man vorher nicht hatte, erzeugen viele technische Errungenschaften wie das Internet Probleme, mit denen sich besser das Bundeskriminalamt beschäftigen sollte.

DER WLAN-SINNS-TEST

Testen Sie Ihren WLan-Sinn! Antworten Sie entweder mit Ja oder Nein:

1 Gibt es in Ihrer Wohnung technische Geräte, die Sie nicht kennen?

2 Besitzen Sie Geräte, von denen Sie nicht wissen, wie man sie an- oder ausschaltet?

3 Haben Sie schon einmal ein Produkt gekauft, das Sie bereits besitzen?

4 Haben Sie schon einmal versucht, kurzfristig ihre Bonuspunkte von der PayBack-Karte gegen eine Prämie einzulösen?

5 Haben Sie schon einmal etwas am Telefon gekauft, nur weil Sie wollten, dass der andere endlich auflegt?

6 Sind Sie mehr als einmal nachts von einer SMS geweckt worden, in der man Sie zu Tupper-Partys oder zum Betrachten ihrer Telefonrechnung im Internet eingeladen hat?

7 Haben Sie schon einmal eine Spam-Mail beantwortet?

Auswertung

Kein »Ja« oder ein »Ja«: Ihr WLan-Sinn ist gut entwickelt.
Zwei »Ja«: Naja, Sie sind auf einem guten Weg.
Drei und mehr »Ja«: Ihr WLan-Sinn ist unterentwickelt. Weiter üben!

Twummeln

Was das bedeutet, und wer touchen, twittern
und fummeln beherrschen sollte.

Mir ist eines klar geworden: Wenn ich ein glücklicher Onliner werden will, dann muss ich erst mal lernen, mich anzupassen und unterzuordnen. Dem Diktat von Programmierern, die uns eine neue Sprache aufoktroyieren, *die Sprache des Twummelns*, also eine Sprache des *touchens* und *twitterns*, bei der ich sehr viel mit den Fingern reden muss. Dabei handelt es sich um die Fähigkeit, eine kurze Nachricht zu verbreiten, indem ich sie sofort via Twitter absetzen kann, aber nur, wenn ich das Touchen draufhabe. Sonst bleibt es beim Fummeln.[7]

Die neuen Kulturtechniken brauchen neue Kommuni-

---

7 Wer schon einmal junge Brillenträger, also solche, die erst seit kurzem eine Brille tragen, weil sie 42 sind, beim Fummeln statt Touchen gesehen hat, weiß, was ich meine. Die Geräte sind ganz offenbar für Teenager und Kurzsichtige erfunden worden.

kationsfertigkeiten. Wenn wir uns früher mit Händen und Füßen in einer fremden Sprache verständigt haben, so ist heute Fingerspitzengefühl gefragt. Warum es so wichtig ist, eine Sprache »lesen« und »schreiben« zu können, liegt auf der Hand: Der Motor zwischenmenschlicher Beziehungen ist und war immer schon Kommunikation. Was unsere Vorfahren in früher Steinzeit mittels Rauchzeichen ausdrückten, wird heute per SMS oder Twitter versandt. Daraus resultieren Freundschaften, sexuelle Begegnungen, Familien oder Formen der seriellen Monogamie. Aber warum haben unsere Vorfahren in früher Steinzeit überhaupt damit begonnen, Rauchzeichen abzusondern? Warum verbringen manche Menschen fast krankhaft viel Zeit am Telefon oder mit der Lektüre von kryptischen Botschaften bei Twitter? Und was steckt dahinter, wenn sich jemand nur noch im Chatroom mit seinen Mitmenschen austauscht? Dafür sind maßgeblich drei Motive verantwortlich:

1 Wir möchten nicht alleine sein, weil wir's gerne gesellig mögen.
2 Wir möchten verstanden werden, auch wenn wir selbst nicht wissen, was wir eigentlich ausdrücken wollen.
3 Wir wünschen uns Aufmerksamkeit, weil ein Leben ohne Beachtung ein deprimierendes, einsames und sinnloses Leben ist.

Da der Mensch seit jeher dazu neigt, sich zu paaren, ist es ratsam, vor dem eigentlichen Akt kurz ein paar Worte auszutauschen. Versuchen Sie es mal! Es verhindert in der Tat Schlimmeres. Nur reichte es ganz, ganz früher aus, sich in diesem Zusammenhang recht rudimentär zu äußern und eine einzige Feststellung zu machen: »Du Frau – Ich Mann.« Oder in weiterentwickelten Kulturen: »Zu dir oder zu mir?«

Heute muss man zum Zwecke der Untermauerung seiner Attraktivität mindestens erklären, dass man an der TU Dresden BWL studiert hat, einen abbezahlten Mittelklassewagen fährt, in einer Festanstellung steckt, aber trotzdem bereit ist, am Wochenende gerne bis in die Puppen Cocktails zu schlürfen, während man sich natürlich parallel für viel Sport, Obst und Sushi interessiert.

Sprich: Willst du nicht alleine bleiben, musst du dich in kommunikativer Hinsicht gut verkaufen können. Am besten mit einem hübschen Schnappschuss bei Facebook oder Twitter, also mit einem Bewerbungsfoto für den digitalen Markt der Eitelkeiten[8], und mit einer durchschnittlichen Online-Verweildauer von mindestens fünf Stunden pro Tag. Sonst bleibst du alleine. Und wenn du keine Botschaf-

---

8 Dabei wissen wir aus Erfahrungen von der Tierwelt, dass der hässlichste Köter meist den besten Charakter hat. Oder reden wir uns den nur schön?

ten sendest, versteht dich auch keiner. So einfach – beziehungsweise kompliziert – ist das.

Aber genau hier liegt das Problem: Nicht nur die Tatsache, dass wir an dieser uns umwabernden Kommunikationsflut teilnehmen (müssen), sondern der Fakt, dass wir dies auf so vielen Kommunikationskanälen gleichzeitig tun. Noch dazu auf eine so neuartige Art und Weise. Das birgt die Gefahr von Missverständnissen. Betrachten wir es am Beispiel SMS. Wenn man Anette heißt, erhält man zum Beispiel oft zweideutige Botschaften von Smartphone-Besitzern, die wie folgt beginnen: »Hallo Anetteenager« oder »Hallo Anettute«. Aus Nadia wird »Mafia« und aus Jupp ein »Kuss«. Hier benötigen die Empfänger ein ungeheuerliches Abstraktionsvermögen, um den Kern der Botschaft zu dechiffrieren, es sei denn, sie haben sich mittlerweile damit identifiziert, dass sie ein Teenager oder bei der Mafia sind. Nicht auszudenken, was aber geschieht, wenn jemand ein Beischlaf- oder Freundschaftsangebot per SMS versenden will. Das fängt dann wohl nicht so günstig an, sollte man Anette oder Nadia heißen. Nur der Jupp, der kommt ganz gut weg. Aber wer heißt heutzutage schon noch Jupp?

Davon gibt es unzählige Beispiele: Aus »Hey Süße« wird »Hey Düse«, aus der Freundin Detti macht T9 »die Fetti«, und wenn man sich vorm Kino mit dem Namen *Rex* treffen will, wird daraus: »Treffen wir uns vorm Sex?« Empfehlenswert wäre es allemal. Sich vorm Sex zu treffen.

Zu Silvester erhält eine ahnungslose Anhängerin von Pop-Kultur die Nachricht »Guten Putsch, Russe!«, obwohl sie weder einen Putsch geplant hat noch russischer Abstammung ist. Die Botschaft sollte eigentlich »Guten Rutsch, Süsse!« lauten, doch der Absender hat seinem mobilen Telefon scheinbar blind vertraut und sich noch einen Punch gegönnt.

Diese neuen Kommunikationsmethoden wie twittern, posten, simsen, mailen, chatten oder skypen zwingen uns, ständig etwas wahrzunehmen, aufzunehmen oder etwas zu verarbeiten. Die neuen Sprachen, die wir dafür zu erlernen haben, sind das Ergebnis von Programmierern in aller Welt. Daher rühren auch diese Missverständnisse, denn wer schon einmal einen Programmierer persönlich getroffen hat, wird wissen, dass es gar nicht möglich ist, mit dem in derselben Sprache zu kommunizieren.

Kaum hatten wir uns an das Tippen einer SMS mit oder ohne Spracherkennungssoftware T9 gewöhnt, wurde der Touchscreen entwickelt. Eine Revolution, hieß es. Die angeblich wichtigste digitale Entwicklung des 21. Jahrhunderts[9], so Sascha Lobo, ein Netzexperte der ersten Stunde. Nur kenne ich leider niemanden, der es jemals geschafft hat, eine Textmessage via Touchscreen auf dem Smart-

---

9 Referenz: http://www.spiegel.de/netzwelt/netzpolitik/
   0,1518,758149,00.html

phone orthografisch und grammatikalisch korrekt zu verfassen.[10]

SMS muten jedoch fast schon altmodisch an, verglichen mit der Art, wie Beziehungen und Freundschaften mittlerweile entstehen und aufrechterhalten werden. Fernbeziehungen entwickeln sich zum Beispiel, weil ein computergesteuerter Generator anhand soziodemografischer Daten wie Alter, Herkunft und Beruf eine Übereinkunft ermittelt hat, und sei es die, dass beide Singles am liebsten Sushi (elitepartner.de) oder Pizza (neu.de) essen. Das ist der »matching point«. Dank Skype können sich Uschi aus Dortmund und Udo aus Dresden dann kostenlos erzählen, wie ihr Sushi in Dresden und in Dortmund geschmeckt hat. Mag sein, dass von diesem Kriterium der Partnerwahl die ursprüngliche Redewendung stammt, dass es für jeden Topf einen Deckel gibt.

---

10 Vielleicht kommt unserem kleinen Finger auf diese Weise eine neue biologische Bedeutung zu und er entwickelt sich so wie bei der kleinen Krabbe. Schließlich hat sich das Steißbein beim Menschen im Laufe der Evolution ja auch zurückentwickelt, weil wir es nicht mehr benötigten. So könnte der kleine Finger immer größeren Einfluss gewinnen, denn er ist der einzige, der die zierlichen Buchstaben auf dem Display beim *Touchen* ansatzweise trifft. Aber dann sollten wir uns auch nicht wundern, wenn der kleine Finger in 200 Jahren so groß sein wird, wie der Rest der Hand. Schließlich wird er denken: »Ohne mich könnt Ihr euch gar nicht mehr paaren! Ätsch!«

Doch ungeachtet der bei Skype oder in anderen Chatrooms quasi neu zu erlernenden Sprachen, die überwiegend aus vorgefertigten, lustigen Icons 😊 😊 😄 😲 bestehen und woraus sich debil anmutende Kommunikationssequenzen entwickeln wie: lächel, zwinker, grins, wein, vor denen noch debiler anmutende User einfältig grinsend hocken, wird doch eine entscheidende Frage hierbei nicht beantwortet, und die lautet: Wo bleibt denn da das Petting? Das Anfassen? Der Sex? Mir kann doch niemand ernsthaft verklickern wollen, dass man etwas beim virtuellen Knutschen fühlt! Okay, hierbei minimiert sich die Gefahr, einen Herpes zu bekommen oder sich über herumliegende Socken in der Wohnung aufzuregen. Aber ich glaube, ich hätte lieber mal kurz eine kleine, heilbare Krankheit und die Socken in der Bude, statt irgendeinen Sushi essenden Fremden aus Dresden, den ich noch nie im Leben persönlich getroffen habe! Der schickt mir Bilder, die er in Photoshop mit einem Sepia-Effekt weich gezeichnet hat, Textnachrichten, die seinen Akzent kaschieren und seine Lieblingslieder als Link von youtube, von denen ich noch kein einziges hören konnte, weil meine Lautsprecher nicht angeschlossen sind, verdammt!

Verstehen Sie mich nicht falsch. Das kann jeder handhaben, wie er möchte, schließlich leben wir in einer Demokratie, aber der Satz »Inder statt Kinder« bekommt so eine vollkommen neue Bedeutung. Anders ausgedrückt: Früher

> ### WLAN-SINNS-TIPPS!

Achten Sie beim Versenden einer E-Mail stets darauf, wer in der Empfängerzeile steht! Der Klassiker, sowohl bei Facebook als auch in Outlook, ist das versehentliche Antworten an »alle« – und dann haben Sie den Salat oder da steht der Esel plötzlich im Kohl, wie die portugiesische Putzfrau unlängst meinte. Denn weder Kollegen noch Vorgesetzte müssen wissen, welches Wasserbett Sie letzte Nacht ruiniert haben, geschweige denn, dass man den gesamten Freundeskreis darüber informieren sollte, warum man Uschi und Udo total bescheuert findet. Uschi und Udo inklusive.

Es ist auch nicht ratsam, eine Lästerei in Rage zu verfassen, die aus Versehen ausgerechnet an die Person gesandt wird, die Gegenstand der Betrachtungen war. Und hüten Sie sich davor, mit Ihrer Affäre heimliche Verabredungen zu vereinbaren und den Namen des Hotels ausgerechnet an Ihren Partner zu schicken, weil Sie unbewusst mit schlechtem Gewissen an diesen denken.

Und wenn Sie eine 4-tägige Reise in die Schweiz planen, weil sie dort im Internet Ihre neue Liebschaft kennengelernt haben, melden Sie sich bitte dringend vorher auf Ihrem Smartphone bei Facebook ab, sonst wird der Kurztrip aufgrund des Roamings teurer als vier Wochen Karibik.

war fummeln. Heute ist twittern. Und manche kennen sich mit beidem gleich schlecht aus.

Wir müssen also akzeptieren, dass diese neuen Kommunikationsmethoden auch soziale – und finanzielle – Folgen haben. Folgen für das Verhalten. Es werden damit schlicht Veränderungen erzwungen. Man kann hier von einem Paradigmenwechsel reden. Paradigmenwechsel bedeutet im geisteswissenschaftlichen Zusammenhang »eine wichtige qualitative Änderung von Denkmustern.«[11] Ein Paradigmenwechsel ist ein gesellschaftlicher Umbruchprozess aufgrund von revolutionären Entdeckungen und Erfindungen. Das ist das, was gegenwärtig um uns herum geschieht, weil es das Internet gibt. Sprich: Wenn demnächst alles kabellos ist, können wir niemanden mehr mit einem Kabel erwürgen.

Ein Beispiel von ganz oben, aus dem elitären Kreis der Hauptstadtjournalisten, also derer, die ganz dicht dran sind am Pulsschlag der Macht:[12] Der Regierungssprecher Steffen Seibert begann ohne besondere Ankündigung im Frühjahr 2011 zu twittern und twitterte auch für Jour-

---

11 Quelle: http://de.wikipedia.org/wiki/Paradigmenwechsel#
    Sozialwissenschaften
12 Quelle: FAZ 3. April 2011 http://www.faz.net/artikel/C31013/
    twitter-und-die-hauptstadtjournalisten-das-recht-auf-die-
    letzten-fragen-30332404.html

nalisten wichtige Informationen, z.B. dass Frau Merkel Herrn Obama besuchen möchte. Nun folgten damals noch nicht längst alle Hauptstadtjournalisten dem Gezwitscher auf Twitter. Die waren es gewohnt, dass wichtige Mitteilungen durch einen Filter gehen und »zugeteilt« werden. Geschweige denn, dass man sich da selber drum kümmern musste (durch das Verfolgen der Tweeds), noch dass nun Hinz und Kunz Zugang zu dieser Mitteilung hatten. Die Aufregung war groß: Den Nachrichtenhändlern, also Nachrichtenagenturen wie DPA oder den Chefs vom Dienst, ging eine *Ware* verloren, nämlich die Exklusivität der Nachricht. Der bewährte Hauptstadtjournalist befand sich auf einmal in unerwarteter Konkurrenz zum ehrgeizigen Jungredakteur beim Kirchrüsselbacher Tageblatt und musste sich außerdem demütigen lassen, was er denn für ein altmodischer Typ sei, an dem der Zug der Zeit vorbeifahre, weil er »keinen Bock auf Twitter« habe.

Übersetzen wir es einmal auf eine andere Ebene: Sie sind der Lieblingsneffe der Erbtante und plötzlich twittert die Erbtante, dass das Weihnachtsessen nicht bei ihr, sondern im Hotel Krone stattfindet. Plötzlich sind alle im Hotel Krone, auch Ihr fieser Cousin, der Erbschleicher, der es gewittert hat! Nur Sie stehen bei der Erbtante vor der verschlossenen Tür. Bloß, weil sie nicht twittern. Blödes Gefühl. Seitdem twittern Sie auch.

Was ist nur aus dem guten alten Sack Reis geworden

Kennen Sie diese Typen, die einem ständig mit Details auf den Keks gehen, die man echt nicht wissen will? Das sind die, die ihre Sätze meistens wie folgt anfangen: »Ich bin ein Mensch, der...« – und dann denken Sie: »Oh, er ist ein Mensch, der sich sicherlich viele Gedanken gemacht hat, der sich reflektiert, denn er hat zumindest schon einmal erkannt, dass er ein Mensch ist, was man ja von einigen Artgenossen nicht unbedingt behaupten kann.« Und jetzt erwarten Sie eine existenzielle Erkenntnis aus seinem Mund, die Sie umhaut, aber es kommt nur: »... der gerne abends die Beleuchtung in der Vitrine anmacht, wenn er nach Hause kommt.«

So etwas kann man bei Twitter auch lesen. Und solche Bagatellen interessieren uns doch ungefähr so viel, wie wenn in China ein Sack Reis umfällt. Früher sagte man das zumindest so.

Ich verrate Ihnen mal was: Wenn heute in China ein Sack Reis umfällt, dann wollen wir das wissen! Wir wollen wissen: Was war das für ein Sack? War das Jute oder Plastik? Was war in dem Sack drin? Basmati, Rundkorn, Vollkorn oder Uncle Ben's? War der Sack voll oder leer? War das eine wirtschaftliche Angelegenheit? Vielleicht die Vorbereitung eines Leerverkaufs? Ist der Sack von allein umgefallen oder wurde er umgestoßen? Schlimmer noch: Steckt dahinter eine internationale Verschwörung alter Säcke?

Die Frauen sagen sofort: Hoffentlich wurden keine Kinder verletzt! Die Männer sagen: Wir schicken einen THW-Hilfskonvoi und lassen den von RTL2 filmen. Angela Merkel lädt alle EU-Außenminister zu Ente süß-sauer ein und Guido Westerwelle bucht mit seinem Partner eine Woche Peking.

Das alles passiert, wenn heute in China ein Sack Reis umfällt. Weil wir es wissen. Das heißt ja nicht, dass aus dieser Erkenntnis irgendetwas resultiert! Eine Information alleine ruft nicht zwangsläufig Erkenntniszusammenhänge hervor.

Nehmen wir die Auszubildende Sandra von der Metzgerei nebenan. Die wurde unlängst in der Berufsschule im Kontext der Klimaerwärmung gefragt: »Was kannst du uns zu den beiden Polen sagen?« Da antwortete sie: »Die haben neulich die Küche gestrichen und waren dann ganz schnell wieder weg.«

Die zwei Polen waren ungefähr genauso schnell wieder weg, wie die getwitterte Information über den in China umgefallenen Sack Reis oder über die Vorlieben bestimmter Vitrinen-Besitzer. Es gibt aber Informationen, von denen wünschte ich, dass sie etwas länger blieben, damit daraus Erkenntniszusammenhänge erwachsen können. Und dazu zähle ich unter anderem die BP-Katastrophe im Golf von Mexiko, die schonungslose Offenlegung der Folgen von Fukushima sowie die ehrliche Beantwortung der Frage: War das wirklich die Asche von Osama Bin Laden, die da über dem Meer verstreut worden ist?

Ich verrate Ihnen noch etwas, aber bitte twittern Sie es nicht gleich weiter: Wenn sich der Mensch länger als zwei Wochen mit den Folgen solcher Ereignisse und Naturkatastrophen beschäftigen würde, dann hätten Uschi aus Dortmund und Udo aus Dresden nichts mehr zu essen, weil sie auf ihr Sushi verzichten müssten. Und damit wäre das Einzige aus ihrem wirklichen Leben verschwunden, das ihre Online-Beziehung zusammengehalten hat. Wer isst schon gerne Maki Bin Laden?

Halten wir fest: Twittern bedeutet, Informationen in einem noch nie dagewesenen Ausmaß erhalten zu können, die andere Leute zusammengefummelt haben. Es ist möglich, dass sich darunter auch wichtige Nachrichten befinden. Nur ist es sehr anstrengend und zeitraubend, diese Nachrichten zu finden. Vor allem, wenn man auch noch etwas anderes zu tun hat. Deshalb an dieser Stelle ein WLan-Sinns-Tipp: Kaufen Sie sich Freizeit, indem Sie denen ein bisschen Geld geben, die freiwillig oder unfreiwillig, aber in jedem Fall professionell twittern. Erinnern Sie sich an Ihre gute, alte Tageszeitung, egal ob als Print- oder Online-Ausgabe. Da steht fast alles drin, was Sie wissen sollten. Stilistisch und inhaltlich liegt sie auf Ihrer Linie – und vorselektiert ist das Tagesgeschehen auch noch, so dass Ihnen kein Sack Reis dazwischen rutschen kann.

Im Vergleich dazu ist Twittern sozusagen eine Art Tratsch im Treppenhaus mit Leuten, die man nicht kennt, über Sachen, von denen man keine Ahnung hat – und das 100-prozentig!

Tinnitus für alle

Früher war nicht alles besser, aber heute ist
vieles anders. Nur wir sind dieselben geblieben.
Doch hilft uns das weiter?

Es geht nicht darum, dass früher alles besser war. Es
geht darum, dass heute vieles anders ist. Und das
andere resultiert aus der inflationären Vereinnahmung unseres täglichen Alltags durch technische Innovationen, die uns eigentlich helfen sollen. Doch helfen sie uns
wirklich?

Wir sind umzingelt von den Glasfaserkabeln acht verschiedener Telefonanbieter. Diese Provider versauen uns die
Tage akustisch für sechs Jahre am Stück, weil sie den Bürgersteig aufbohren, um den Kram zu verlegen. Anscheinend
kann aber jedes einzelne Kabel erst verlegt werden, wenn
das vom Wettbewerber bereits wieder eingebuddelt ist!

Und kennen Sie diese Kaffeemaschinen, die so laut sind,
dass man glaubt, ein Zug rase durch die Küche? Während
so einer Einladung zum Cappuccino, auf den man sich zu-

nächst gefreut hat, ist für die nächsten 20 Minuten kein persönliches Gespräch mehr möglich.

Schlimmer noch sind die Computerspiele jüngerer Familienangehöriger (oder des Ehemanns), die uns unter dauerhaftem Beschuss denken lassen, Afghanistan sei direkt bei uns im Wohnzimmer! Diese Ballerspiele stehen in der Rangliste des Tinnitus-Terrors noch *vor* den mit Motoren betriebenen Laubbläsern, die diese kleinen gelben Männchen vor Ihrer Tür im Herbst auf dem Rücken tragen, um damit das vor sich her zu pusten, was früher ein Besen erledigt hat. Stellen Sie sich also vor, es ist Herbst – und niemand geht hin, aus Angst, einen Tinnitus zu bekommen. Das ist doch absoluter Murks!

Die meisten von uns nutzen diese technischen Errungenschaften entweder täglich oder können bezeugen, wie sie benutzt werden. Und dafür brauchen wir Strom. Diesen beziehen wir zu großen Teilen aus Atomkraftwerken, die uns eigentlich nur alle 25.000 Jahre um die Ohren fliegen sollten. Seit ich denken kann, sind aber nun schon drei Reaktoren explodiert: Harrisburg, Tschernobyl und Fukushima. Dabei bin ich deutlich jünger als 25.000 Jahre.

Es ist ein Paradoxon: Wir brauchen den Strom, weil wir immer mehr Geräte benutzen. Und jedes Gerät ist eine Art Tamagotchi, das täglich von uns gefüttert werden will, sonst »stirbt« es. Auf diese Weise erwecken alle technischen Geräte, die uns umgeben, den Anschein, Familienmitglieder zu sein. Und lässt man Familienmitglieder sterben? Eher selten.

Das Verhältnis Mensch-Maschine ist eigentümlich. Dies fängt damit an, dass wir unsere Autos waschen, obwohl wir wissen, dass es spätestens nach zwei Stunden wieder dreckig ist. Die Vögel lernen es nie, dass sie nicht auf hochglanzpolierten Lack zu kacken haben. Oder kennen Sie auch so komische Leute, die mit ihrem Smartphone nach Thailand fahren und parallel zur Reise jeden Teller Reis auf Facebook mit Fotos dokumentieren? Das ist doch wie eine nicht enden wollende, quälende Dia-Show ohne Chips und Bier! Für diese Leute hingegen ist es doch purer Stress, sich im Urlaub immer fragen zu müssen, ob die Unterkunft WLan oder Wi-fi hat, nur um den Daheimgebliebenen zu versichern, man liege gerade in der Hängematte! Was ist denn da die Botschaft, bitteschön? »Mir ist langweilig, hier ist nichts los, hier kommt noch nicht mal ein Müllmann vorbei. Deshalb tarne ich meine Langeweile als Reis(e)bericht, belästige euch und stehle euch die Zeit, von der ich gerade zu viel habe und weil ich mich mit den Einheimischen auch gar nicht verständigen kann!«

Ich frage mich immer: Haben die überhaupt noch Zeit, Urlaub zu machen? Und macht das Spaß? Es ergibt doch keinen Sinn, die Welt um sich herum durch die Linse seiner Kamera wahrzunehmen und zu reproduzieren! Das endet doch auf einer Fläche von 13x15 cm, und was dabei definitiv auf der Strecke bleibt, ist der Horizont. Warum akzeptieren wir nicht einfach, dass die Wirklichkeit mehr Pixel hat als jede Digitalkamera jemals haben wird?

Das ausgedruckte TomTom

Ich bin gar nicht so altmodisch, wie ich klingen mag, aber neulich reiste ich gemeinsam mit einer Freundin im Auto – natürlich mit dem Navi – nach Süddeutschland. Die Fahrt dauerte sehr lange und ich saß am Steuer. Plötzlich wurde es ganz still auf meinem Beifahrersitz. Als ich nach rechts blickte, hielt die Freundin etwas in der Hand. Was sie dort täte, wollte ich wissen.

»Mir war langweilig. Da hab ich mir mal das ausgedruckte TomTom genommen, um zu sehen, in welchem Teil von Europa wir uns überhaupt befinden. Das ist toll! Du, ich hab plötzlich das Gefühl, dass es außer dieser Straße auch noch eine Gegend drum herum gibt!«

»Was für ein ausgedrucktes TomTom?!«, hakte ich nach, denn ich verstand sie nicht.

»Na, diesen ADAC-Atlas. Den hab ich im Handschuhfach gefunden.«

So weit sind wir schon! Dass das Original, der gute alte ADAC-Atlas, als ausgedruckte Version eines TomToms angesehen wird! Wenn sich demnächst noch irgendjemand traut, meinen Brockhaus aus dem Regal zu nehmen und mich zu fragen: »Wer hat sich denn hier die Mühe gemacht, Wikipedia auszudrucken?«, dann hau ich dem das Ding aber so was von um die Ohren! Und zwar so lange, bis der davon auch einen Tinnitus bekommt.

Die Frage, ob uns technische Errungenschaften nun wirklich helfen, kann man durchaus mit »Ja« beantworten. Je nachdem, ob man an Komplettlösungen oder an Teillösungen interessiert ist. Viele Praktikanten sind häufig nur an Teillösungen interessiert. Soll ein Praktikant telefonieren und fragt man ihn danach: »Hast du telefoniert?«, dann sagt er: »Ja.« »Und ist was dabei herausgekommen?«, sagt er: »Nein.«

Technische Errungenschaften helfen uns zum Beispiel, schneller zu werden, um damit Zeit zu sparen, um dann wiederum andere Dinge erledigen zu können, die aufgrund des gestiegenen Tempos liegen geblieben sind. Kommunikationsschulden begleichen oder die Elster-Steuererklärung im siebten Anlauf online ausfüllen. Sie helfen uns auch, mehrere Dinge gleichzeitig tun zu können, wie Autofahren und über die Freisprechanlage zu telefonieren. Allerdings kann man sich wegen des Lärms der Fahrtgeräusche nur mit Mühe darüber verständigen, dass man sich nicht versteht – und deshalb später noch mal telefonieren muss. Da kann man nur hoffen, dass der Praktikant wenigstens das verstanden hat.

So haben all diese Innovationen ihren Preis. Genau hier liegt die Krux: Die Preise purzeln ja ständig und Geiz is' doch geil! Wie soll man da widerstehen? Deshalb hab ich auch neulich meinen Praktikanten zum Elektrogroßhandelsfachgeschäft geschickt. Ich besitze zwar schon einen Fernseher, aber bei ProMarkt war gerade ein DVB-C Fernseher im Angebot. Falls Sie es noch nicht wissen: Ab 2012 werden die Frequenzen geändert und dann sind alle DVB-T Tuner out und Sie brauchen DVB-C, um überhaupt noch etwas sehen zu können. Okay, der Praktikant hatte sich aber nur DVB-C gemerkt und kam mit einer Antenne zurück. Immerhin eine Teillösung.

Auf diese Weise horten wir Container füllende Mengen an Elektroschrott. Prophylaktisch. Und wir erzeugen immer mehr Lärm. Und wir benötigen immer mehr Strom. Und wir wollen immer weniger Atomkraftwerke. Ja, was denn nun?

Ein Telefon ist ein Telefon ist ein Telefon

Über das Grundbedürfnis »Kommunikation«
und die Sehnsucht nach Liebe und Glück.

W as Gertrude Stein einmal in Bezug auf eine Rose
dichtete, hat heute einen aktuellen Bezug: Ein
Telefon ist ein Telefon ist ein Telefon – und damit
ein Gerät, bei dem man entweder wartet und kein Schwein
ruft an oder es klingelt ständig, weil jeder Idiot mit seiner
dämlichen Flatrate meint, dir mit Belanglosigkeiten ein
Ohr abkauen zu müssen. Weil's nichts kostet.

Zwischen diesen beiden Extremen liegen seine Vorzüge:
Man ist erreichbar und man kann jemanden erreichen.
Vorausgesetzt man geht hier oder da dran. Hinter der
Redewendung, »dran gehen«, verbirgt sich das ganze Er-
folgsgeheimnis des mobilen Telefons. Wir waren es satt,
während des Telefonierens immer zu sitzen. Wir wollten
gehen!

In den 90-ern kamen aus den USA tragbare Festnetz-
telefone ohne Schnur für den Hausgebrauch, die so groß

wie Neandertaleroberschenkelknochen waren. Mit denen konnte man im Wohnzimmer herumspazieren und wenn man ganz langsam lief, sogar bis auf die Terrasse gehen. Die Dinger glichen eher einer Hantel als einem Handy. Aus heutiger Sicht ein bisschen lächerlich, doch zu ihrer Zeit todschick!

Bald darauf gab es, passend zum Aufbau Ost, die ersten tragbaren Mobiltelefone für unterwegs. Das musste man wörtlich nehmen, denn die massiven Trümmersteine, die in Pilotenkoffern verpackt waren, musste man tragen. Im Idealfall mit beiden Händen, so schwer waren die. Da hätte man ebenso gut sein Haus mit sich herumtragen können, und zwar das mit dem orangefarbenen Telefon und mit der Schnur.

In der Folge stellte sich schnell heraus: Ein »Handy« ist *das* Männerspielzeug schlechthin. Man weiß gar nicht mehr, womit die vorher gespielt haben! Und es musste immer kleiner werden, darin lag die Kunst. Um die Sache einmal beim Namen zu nennen: Das Handy zeichnet sich dadurch aus, dass es das einzige Phallussymbol ist, das klein zu sein hat. Klein, aber unheimlich leistungsstark. So weit, so nachvollziehbar.

Plötzlich aber konnten diese Geräte nicht mehr nur telefonieren, sondern alles Mögliche. Fotografieren, E-Mails empfangen und versenden oder sogar Filme drehen. Aber eins kann man mit ihnen nicht mehr: Anständig Schluss machen. Nie wieder kann man, wie damals, als man noch vor dem orangefarbenen Telefon mit der Wählscheibe saß, den Hörer so entschieden, endgültig und laut auf die Gabel knallen, dass man sicher war: Das hat der andere gehört! Und es hat ihm wehgetan! Versuchen Sie das mal mit Ihrem Handy, das sonst alles kann. Das kann es nämlich nicht.

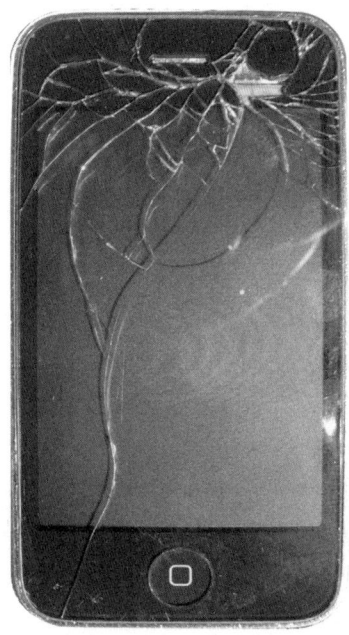

Statussymbole und Koteletts

D och wie tragisch ist es, dass wir auf absurde Weise nach etwas streben, das uns durch technische Errungenschaften und Statussymbole zufliegen soll? Glück und Liebe durch Ansehen und Status, Macht und Kontrolle.[13] Wir haben es anscheinend nötig, unsere gesellschaftliche Stellung durch Gegenstände zu betonieren. Wir haben Angst, einen Status einzubüßen, den wir ohne diese Gegenstände gar nicht anstreben würden. Hierbei handelt es sich um eine unglückliche Verkettung von Gegenstand und Umstand. Uns steht die Panik in den Augen, bloß weil wir nicht in der Lage sind, auf einem Grillfest in

---

13 In vielen Haushalten heißt die Fernbedienung für das TV-Gerät übrigens »die Macht«. Während das Mobiltelefon also zum Umherlaufen entwickelt worden ist, ist die Fernbedienung zum Sitzenbleiben gedacht. Beim Mobiltelefonieren ist man mit der Aufmerksamkeit am Ohr und sieht seine Umgebung deshalb nicht. Mit der Fernbedienung sieht man immer wieder schnell was Neues, nur die Aufmerksamkeit ist im Eimer.

der Pampa am Samstagnachmittag die Fußballbundesliga live auf dem fünf Quadratzentimeter großen Display des Smartphones zu präsentieren.

Aber sind wir doch mal ehrlich: Ist es nicht schön, wenn wir parallel zum Futtern eines Koteletts in der Natur mit dem Segen unserer kulturellen Errungenschaften gespeist werden? Erweitert das nicht unser Erlebnisspektrum um ein Vielfaches? Ja, gewiss, allerdings sollten wir uns vergegenwärtigen, dass der Mensch manchmal einfach satt ist und dann passt auch nichts mehr in ihn hinein. Wie viel wollen wir noch in uns hineinlassen und kommt nicht irgendwann der Punkt, an dem wir schlicht würgen müssen?

Der *Spiegel* titelte neulich: »Soziale Netzwerke wie Facebook überfordern uns mit unzähligen Pseudo-Freundschaften? Unsinn. Das Web verändert die Gesellschaft – aber völlig anders, als es Pessimisten befürchten. Studien aus den USA und Deutschland zeigen: Wer sich online vernetzt, hat auch im echten Leben mehr Sozialkontakte.« [14]

Angeblich engagieren oder treffen sich Menschen, die in sozialen Netzwerken angemeldet sind, häufiger als andere. Aber das ist doch vollkommen klar, denn Dank der Smartphones mit ihren Flatrates sind die User selbst in der Disco oder beim Abendessen im Restaurant online und

---

14 http://www.spiegel.de/netzwelt/netzpolitik/
   0,1518,740340,00.html

teilen mit, dass Thomas offenbar gerade mit Silke Schluss gemacht hat, weil sich sein Beziehungsstatus bei Facebook geändert hat.

Phantomklingeln

Es soll ja Menschen geben, die ihr Telefon zum Telefonieren benutzen, und nicht, um damit gesehen zu werden. Jedoch tritt bei denen, die das Gerät in erster Linie als Statussymbol mit sich tragen, immer häufiger ein neues Phänomen auf: Das Phantomklingeln! Kennen Sie das zufällig? Da haben Sie das Gefühl, es rappelt in der Hose, aber da ist nichts. Viele Männer werden jetzt wissen, was ich meine. Das ist ein ganz schlimmes Gefühl. Das ist wie bei Kriegsversehrten: Da tut der Arm weh, obwohl er ab ist. Phantomschmerz heißt es da, und Phantomklingeln ist so ähnlich. Du wärst erreichbar gewesen, aber niemand hat versucht, dich anzurufen. Man ist dauernd auf Stand-by! Und wenn es dann endlich klingelt, das blöde Handy, ist es der Provider persönlich, der dir eine Internet-Flat aufquatschen will, obwohl dein Handy gar kein Internt »kann«.

Es gibt aber noch ein zweites Phänomen, das sich

gegenwärtig blitzschnell verbreitet. Das sogenannte *Fremdklingeln*. Wenn es irgendwo bimmelt, denkt jeder, es sei sein Handy, obwohl man einen ganz anderen Klingelton hat. Jeder guckt sofort nach, ob er es vielleicht war, der angerufen worden ist. Ich habe zum Beispiel den Schneewalzer als Klingelton, greife aber auch automatisch beim Ertönen von AC/DC-Songs in meine Handtasche.

Offenbar sind wir allzeit bereit. So wie diese Leute, die ihre Mobiltelefone mittels eines Headsets quasi an ihren Ohren festgeschraubt haben. Wenn die durch die Stadt laufen, gestikulieren sie dabei wild. Ich schaue die meistens skeptisch an und frage mich: »Winkt der dir zu?« Dann drehe ich mich um und überprüfe, ob der vielleicht jemanden hinter mir meint. Tut er aber in der Regel nicht. Und wenn der näher kommt, höre ich ihn laut sprechen. An dem Punkt murmele ich besorgt: »Oh, der spricht mit sich selbst!« Das ist so einer, den man früher in spezielle Einrichtungen geschickt hätte. Das Absurde daran aber ist, dass *der* denkt, *ich* gehöre in die Klapse, weil ich kein Headset habe!

In Japan kann man sich jetzt übrigens ein Handy in die Hand implantieren lassen. Ist ja vom Wortlaut her schon logisch. Dass man da noch nicht früher drauf gekommen ist, verstehe ich nicht. Das Ganze muss man sich so vorstellen: Dort, wo der Handballen ist, befindet sich die Sprechmuschel. Und mit den Fingerspitzen kann man irgendwie hören. Wenn man dann in Tokio unterwegs ist, wo wir ja alle regelmäßig verkehren, haben die Leute, die sich mit beiden Händen das Gesicht einquetschen, wohl ein zweites Gespräch auf der anderen Leitung. Das mag zwar komisch aussehen, ist aber praktisch. Besonders im Winter, wenn es schneit.

Aber bedenken wir mal, wie oft uns unsere Mobiltelefone schon in richtig peinliche Situationen gebracht haben! Neulich war ich nämlich im Theater. Plötzlich klingelte es in meiner Sitzreihe. Da habe ich empört die Arme vor der Brust übereinandergeschlagen und böse nach links und rechts geschaut. Das ist dieser Blick, den man sogar hören kann: »Welcher Depp hat hier sein Handy nicht ausgeschaltet? Häh?!« Doch dann kam das Klingeln bedrohlich näher und näher – und irgendwann wurde mir klar: Es ist die eigene Handtasche! Du lieber Himmel! Da hilft gar nichts mehr. Nur noch schnell raus da! Raus, raus, raus! Als ich das Handy dann endlich zwischen Lippenstift und Navigationsgerät in der Tasche zu greifen bekam, sah ich auf dem Display nur noch »Unbekannter Teilnehmer« – und das Klingeln verstummte. Das ist doch das Allerletzte! Unbekannter Teilnehmer! Wie soll ich dem denn jemals mitteilen, dass er mich gefälligst nicht im Theater anzurufen hat?!

Danach bin ich direkt nach Hause gefahren. Was man natürlich heutzutage genauso wie früher zu Hause machen kann, ist, sich gehen zu lassen. Rumschlampen. Auch mal gar nichts anhaben. Zu Hause darf man das. Man ist also nackt und kann am Telefon so tun, als sei man angezogen. Man kann mit einer ganz angezogenen Stimme sprechen. Oder auch umgekehrt. Man ist angezogen und tut mit der Stimme so, als wäre man nackt. Früher hieß das Heimarbeitsplatz und meistens wurde während solcher Telefonate gespült. Und das war alles toll, bis dann Skype kam. Einige werden es kennen, den anderen erkläre ich es schnell: Skype ist Telefon im Internet mit Bild. Also über den Computer. Kostet wenig bis gar nichts und ist so eine Art Bildtelefon. Das Bild ist meistens besser als der Ton. Seit es dieses Skype gibt, muss man sich auch beim Telefonieren aufbrezeln.

Also ich finde das blöd. Wenn du gestern einen langen Abend gehabt hast, kannst du ja durchaus am nächsten Morgen mit der Sonnenbrille zum Bäcker gehen, das klappt. Aber setz dich doch mal mit so einer Brille vor den PC! Da denkt doch sofort jeder, du wärst bei Al-Qaida.

Status *Wo*?

Über reale und virtuelle Mobilität am Beispiel einer Durchschnittsfamilie aus Bergisch Gladbach.

Wo stehen wir eigentlich im Jahr 2010, etwa 133 Jahre nach der Erfindung des ersten Telefons, 125 Jahre nach der Erfindung des Autos und 35 Jahre nach der Erfindung des Internets? Und was haben diese drei, die Welt verändernden, technischen Innovationen miteinander gemein? Sie alle dienen der Mobilität, der Unabhängigkeit von Ort und Zeit. Und als sei dies das 11. Gebot, streben wir alle nach immer größerer Unabhängigkeit, nach mehr Mobilität und nach inflationärer Beschleunigung.

Dabei lohnt es sich, einen Moment innezuhalten und Luft zu holen: Rein evolutionsbedingt sind wir doch eigentlich auf der Welt, um uns fortzupflanzen. Gut, das kann jeder machen, wie er will. Man kann sich auch künstlerisch reproduzieren oder sein Glück auf dem Rücken der Pferde suchen, aber wenn wir einmal unseren Partner gefunden haben, dann ist Mobilität eher kontraproduktiv, denn man braucht ja ein Dach über dem Kopf und eine Schule für die Kinder, am besten um die Ecke. Im Idealfall noch einen Supermarkt und einen Job, damit man Lebensmittel kaufen kann und Sprudel.

Heute ist es gar nicht so unüblich, dass eine fünfköpfige Familie mit fünf Rechnern ausgestattet ist, ein Netzwerk den Zugriff auf den Drucker erlaubt und die 14-jährige Lena ihre Mutter unten in der Küche über Facebook fragt: »Was gibt es denn heute zu essen?«

Der Vater fährt mit dem Auto täglich bis zu 200 Kilometer zu seinem Büro, und auch er hält überwiegend über Facebook oder Twitter den Kontakt zu seinen Liebsten aufrecht, wenn er sich nicht schon heimlich bei Elite-Partner.de angemeldet hat, um eine Veränderung seiner Lebensumstände herbeizuführen.

Die Mutter dagegen ist einem Forum beigetreten, in dem sie sich entnervt über die Doppelbelastung Haushalt und Beruf auslässt. Mit einem Pseudonym, natürlich, denn niemand sollte erfahren, dass auch sie viel lieber irgendwo anders wäre als im Reihenhaus. Und darum geht es: Es geht um die Sehnsucht nach dem *Irgendwo anders*, das plötzlich überall ist und immer schöner wirkt als die spröde Gegenwart, als der Alltag, als das, was man wirklich hat und anfassen kann. Der Garten bedeutet harte Arbeit. Besitz verpflichtet nun mal und will gepflegt werden. Die Kinder haben hohe Ansprüche und möchten zum Karate, zum Fußball, zum Reiten oder zum Musikunterricht. Die Kinder sind also auch immer woanders. Selbst wenn sie da sind, sind sie nicht da, sondern in einer virtuellen Welt, im Chatroom oder am Handy. Ganz schick und trendy: Ein Knopf vom iPod im Ohr, immer und überall, als wäre die Welt nur mit Popmusik erträglich, MTV und Viva im Gehörgang, denn das Leben der Erwachsenen scheint sie zu langweilen. So sind irgendwie alle im verführerischen Kosmos von Germany's next Top Model, Schönheits-OPs und Auswanderern, Billigflügen weltweit und persönlich auf uns zugeschnittenen Anzeigen, sowohl im TV als auch im Internet.

All das scheint so viel besser zu sein und alles, so wird uns suggeriert, ist eigentlich auf Knopfdruck erhältlich. Bei Amazon, bei Zalando, bei Saturn oder bei Germanwings. Sprich: Nie waren wir mobiler als heute, obwohl wir eigentlich immer noch in Bergisch-Gladbach wohnen (müssen) (dürfen) (wollen) [Zutreffendes bitte ankreuzen].

Machen wir eine Nahaufnahme in Slow Motion: Während des Urlaubs in der Toscana wird beim Essen geschielt: Die Kinder sind mit einem Auge immer bei ihrem Handy. Der Vater schielt nach dem Fußballspiel, das im Hintergrund des Lokals läuft. Der Einzige, der nach der Mutter schielt, ist der italienische Kellner, und der tut es aus Pflichtbewusstsein, weil ja wenigstens einer der schönen Mama bei fünf zahlenden Gästen schöne Augen machen muss. Jedenfalls so lange, bis sein Handy klingelt.

Die Mutter hingegen schließt die Augen, denn sie erinnert sich, vor Jahren, Jahrzehnten »heimlich« mit »ihm« – denn ihre Familie wusste noch nichts von dem künftigen Vater ihrer Kinder – eben an diesem Ort gewesen zu sein, von dem sie aber damals nichts gesehen hatten, weil sie sieben Tage in einem schäbigen kleinen Zimmer begeistert vorwiegend miteinander und ineinander verbracht hatten, und sie fragt sich, ob er sich wohl daran erinnert.

Kurz gesagt: Bei diesem familiären Urlaubsabendessen ist auch die Mutter woanders. Aus ihren Erinnerungen in die Gegenwart zurück gerufen wird sie von ihrer, über deren Smartphone gebeugten, mit den Haaren in den Spaghetti hängenden Tochter Lena gefragt: »Darf ich die pinken Chucks für 40 Euro bei Ebay ersteigern?«

Missmutig blickt der Vater in der Halbzeit des Fußballspiels zu seinem ältesten Sohn Florian herüber. Der ist 18 Jahre und fährt immer noch mit seinen Eltern in Urlaub. Freiwillig. Er versteht das nicht. Mit 18! Da hatte er einen Führerschein und er war an anderen Dingen interessiert. An Mädchen zum Beispiel. Aber der da, der fährt mit den Eltern in Urlaub und hat nur Augen für sein Mobiltelefon, auf dem er wie ein Irrer herum hackt. Er hat größte Bedenken, dass sich aus seinem Ältesten ein echter Nesthaken entwickeln wird. Da wäre es ihm fast schon lieber, der würde schwul. Der spart auch nicht für einen Führerschein. Der spart für ein Macbook Pro.

Florian hat in dieser Zeit seinem Kumpel eine E-Mail geschrieben: »Hoffe, dass ich hier bald wegkomme. Hab bei Facebook 'ne italienische Gianna klar gemacht, die ich heute am Strand getroffen habe. Zwischen ihr und mir stehen nur noch zwölf Museen. Außerdem haben die Spaghetti-Fresser ein lahmarschiges WLan!«

Auf seinem abgelegten Uralt-Handy tippt inzwischen Lars, der kleine Bruder, eine lange überfällige SMS an die Oma. »Danke für die Playstation. Habe mich zu Weihnachten sehr drüber gefreut. Wir sind in Italien und Mama sagt: Besser ich bedanke mich spät als nie. Mir gefällt es hier. Das Essen ist lecker, nur Papa ist sauer auf Mama, weil der Italiener, der mit ihr quatscht, immer vorm Fernseher steht.«

Wieder daheim ist nichts anders als in der Ferne. Man ist auch »hier« nicht »da«, sondern »dort«.

Tor Interruptus

Tatsache ist, dass sich unser Leben beschleunigt hat. Die Beschleunigung ist in fast allen Lebensbereichen nachweisbar. Wir haben sie auch im Privatleben. Dafür gibt es ein gutes Beispiel: Wir gucken Fußball. Ein Länderspiel. Es läuft gut für uns. Sie sind Satellit, Ihr Nachbar ist Kabel. Und irgendwann hören Sie Marcel Reifs sich überschlagende Stimme rufen: »Schweinsteiger mit Pass zu Podolski, Podolski müsste …« – und bevor Podolski selber weiß, was er tun müsste, schreit der Kabel-Nachbar: »TOOOR!«

Das ist der Sachverhalt. Jetzt kommen wir. Wie verhalten wir uns dazu? Ich schlage Ihnen vor: Freuen wir uns mit dem Nachbarn über das Tor und gucken das Tor danach. Außerdem dürfen wir dabei die Fans der gegnerischen Mannschaft nicht vergessen, die noch drei Sekunden mehr Zeit haben, um zu hoffen, dass sich für ihr Team etwas Spielentschei-

dendes verbessert. Das birgt wiederum die Möglichkeit für große Schadenfreude.

Das Problem aber ist, dass wir nicht nur die
schnellsten Geräte benötigen, um mitreden zu können, sondern wir müssen auch schneller in der
Wahrnehmung werden. Das ist diese Beschleunigung, die wir in allen Bereichen erleben, und das
setzt mich persönlich irgendwie unter Druck. Ich
fühle mich so, als wäre ich eine Hardware, die ständig ein Software-Update braucht, um nicht abzustür-
zen. Dabei bin ich heilfroh, wenn ich morgens bei mir
den »An-Knopf« finde!

>»Me: married, 20 years. Two people? No good!«

Zitat einer portugiesischen Reinigungsfachkraft
beim Anblick eines sich streitenden Touristenpaares.

Soko Annerose

Unsere Partner unter Generalverdacht

Bleiben wir doch mal bei der Familienidylle in Bergisch-Gladbach. Ein zentrales Bedürfnis eines jeden Menschen ist das Geheimnis, das jeder für sich persönlich pflegt. Diskretion. Das Private. Früher in Form eines Tagebuches, heute in Form einer täglich gepflegten Pinnwand bei Studi.VZ im Internet. So kann jeder Lehrer sehen, wo sich seine Schüler am Wochenende zum Konsumieren von Alkopops verabreden.

Aber richtig spannend wird es, wenn die eifersüchtige Gattin ihrem Mann einen Seitensprung nachweisen möchte. Früher musste sie dafür einen Detektiv beauftragen und einen ziemlichen Aufwand betreiben. Der musste sich dann in Büschen verstecken und im Auto übernachten bei einem kalten Cheeseburger und einer Cola aus dem Plastikbecher. Den ganzen Kram hat der dann fotografiert, aber weil es Samstag war, gab es die Abzüge erst am Dienstag. Das dauerte ziemlich lange, bis man endlich die Wahrheit erfuhr.

Heute muss man, wenn man misstrauisch ist, nur einige digitale Daten interpretieren können. Das reicht schon vollkommen, um böse Fragen zu stellen. Nehmen wir das Handy, den Kontoauszug und einen Tankbeleg. Und schon kann die Gattin fragen: »Warum hast du vorgestern um 21:30 Uhr in Wuppertal getankt? Mit wem warst du um 20 Uhr verabredet? Und wer ist überhaupt diese Annerose? Wofür hat Annerose 250 Euro bekommen?«

Manchmal ist dieser Aufwand allerdings völlig überflüssig, denn faktisch ist der Ehemann wegen der anstehenden Silberhochzeit nach der Arbeit zum Juwelier »Annerose« nach Wuppertal gedüst, hat dort eine Kette gekauft und anschließend auf dem Rückweg getankt.

Seit die Beschaffung von Informationen über den Verbleib und die Interessen des Partners so einfach geworden ist, gilt das Prinzip: *Kontrolle ist gut. Noch mehr Kontrolle ist besser.* Wobei völlig unberücksichtigt bleibt, dass gute Beziehungen nichts mit der Stasi gemein haben.

Wenn der Partner wie ein offenes Buch in der Verlaufsliste vom Explorer vor uns liegt, dann ist das nicht mehr sexy! Das ist eher traurig. Wenn das Geheimnis so grundsätzlich weg ist, dann ist der Zauber verflogen. Nicht, dass ich Geheimnisse hätte. Aber ich möchte gerne ein Geheimnis haben *können*. Das macht das Leben einfach interessanter.

Eine Freundin von mir beklagt sich immer,
weil sie nichts zu sagen hätte.
Dann rate ich ihr: Tu doch mal einfach so,
als hättest du etwas zu verschweigen!

Der Privat-Primat

Wer noch zu Hause pupst, ist out.

Wer also heute noch keinen E-Mail-Account besitzt, keinem milieukonformen Forum angehört und keinem sozialen Netzwerk beigetreten ist, muss damit rechnen, als Privat-Primat tituliert zu werden.

Der Privat-Primat weist – einem entwickelten Affen nicht unähnlich – bestimmte soziale Umgangsformen auf: Er zieht es vor, im Rahmen seiner Familie oder einer bestimmten Gruppe zu leben und zu speisen. Er entlaust lieber zu Hause und kopuliert auch dort. Mit dieser Haltung ist er zunehmend isoliert. Es wundert ihn deshalb, dass er sich ständig wie ein Primat im Zoo exponiert fühlt. Als gehörte er zu einer aussterbenden Spezies. Dann kratzt er sich am Kopf (oder wahlweise am Sack) und betrachtet seine Betrachter zurück. Er fragt sich: »Was gucken die denn so doof?« Und die Betrachter fragen sich: »Was es alles noch gibt!«

Dabei tut der Privat-Primat eigentlich nur das, was Menschen seit ungefähr 200 Jahren tun: Sie wählen das gesellschaftlich und kulturell bewährte Konstrukt der Ehe oder Partnerschaft, um dann gemeinsam in dieser Partnerschaft gegenüber Angriffen von außen besser gewappnet zu sein. Es ist eine Art Pakt, den man schließt, weil man zu zweit stärker ist als alleine. Und weil man zu Zeiten der Industrialisierung Kinder brauchte, um die Kohle besser mit den kleinen Kinderfingern von unter Tage ans Tageslicht befördern zu können. Sprich: Man verbündete sich aus existenziellen Gründen.[15]

Es war aber, seit es abgrenzbaren Wohnraum gibt, schon immer üblich, dass man seine Tür hinter sich schloss und

---

15 Später dann kamen diverse, recht zerstörerische Kriege und das weibliche Geschlecht baute in Ermangelung männlicher Unterstützung Deutschland Hand in Hand in einem Club namens Trümmerfrauen e.V. wieder auf. Als die Kerle dann unterernährt aus der Kriegsgefangenschaft heimkehrten, verbannte man die Frau wieder in die Küche zur Zubereitung einer anständigen Kartoffelsuppe. Die Werbespots der 60er Jahre zeugen heute noch von einer gesellschaftlich determinierten Unterdrückung der weiblichen Gattung zum domestizierten Pantoffeltierchen. Erst der Feminismus in den 70er und 80er Jahren sorgte dafür, dass die Frau langsam als gleichberechtigte Partnerin wahrgenommen wurde. Wenn wir der Veltins Werbung mit Rudi Assauer und Thomalla Glauben schenken können, dann handelt es sich immer noch um einen Pakt, den zwei Menschen schließen, um gemeinsam stärker zu sein. Zum Beispiel, um eine Kiste Bier gemeinsam die Treppe heraufzutragen zu können.

die böse Welt da draußen böse Welt sein ließ. Im Privaten war all das erlaubt, was in der Öffentlichkeit verboten war. Kurz: Kaum stand man im eigenen Wohnzimmer, konnte man getrost mal pupsen oder in der Nase bohren.

Wer aber heute noch daran glaubt, der Familienverbund oder die eigene Wohnung ermögliche ihm einen Rückzug oder böte eine Oase der Ruhe vor dem Lärm, Schmutz und Gerede da draußen, der irrt. Denn es ist offenbar nicht nur zu einer Pflicht, sondern gar zu einer Kür geworden, sich selbst aus den eigenen vier Wänden in die allgegenwärtigen Hände des world wide web zu begeben, um sich darin zu präsentieren, zu multiplizieren und sein Leben zu dokumentieren – wie man soeben im Wohnzimmer gepupst hat oder wie groß der Popel war, den man sich aus der Nase gezogen hat. Am besten mit einem Foto vom Popel und einem Filmchen auf YouTube, der die Kinder zeigt, wie sie kreischend das Wohnzimmer verlassen und rufen: »Der Papa hat gefurzt!!«

Ist das lustig? Nein. Das ist peinlich. Aber wenn alle peinlich sind, dann fällt es keinem mehr auf, so wie es Hunderttausenden von Mallorca-Urlaubern auch nicht mehr auffällt, dass sie eigentlich peinlich sind, denn sie ahmen ja nur nach, was Generationen von Touristen vor ihnen erfunden haben.

Nur der arme Privat-Primat, der steht dort und gilt als peinlich, weil er nicht mitmacht, weil er gern die Tür hinter sich zu zieht, weil er die Welt nicht gerne zu Gast als

Freunde in der Bude hat, weil er die Freunde nämlich gerade draußen in der Bar verabschiedet hat, ihnen auf die Schulter klopfte, mit den Worten: »Bis zum nächsten Mal, wir sehen uns.« Und dann trifft er sich in zwei Wochen wieder mit seinen Freunden zum Bier, die er noch persönlich kennt, der Privat-Primat, der sein Leben aus einem einzigen und wichtigen Grund nicht im Netz zu publizieren gedenkt: Er weiß, dass es *sein* Privatleben ist – und das geht niemanden etwas an.

> ▸ **WLAN-SINNS-TIPPS!**
>
> Wenn Sie das Gefühl haben, Ihre Bekannten besuchen Sie nur, weil sie ihren Kindern oder Freunden einen Privat-Primaten vorführen möchten und Sie als lebendiges Museum betrachten (»Schau mal, so lebten die Menschen früher«), dann nehmen Sie einfach Eintritt. Das schreckt ab. Die Leute heute bevorzugen ja jede Anwendung als »Freeware«.

Mitteilungswahn

Überhaupt: dieser Mitteilungswahn! Dieser bebilderte Mitteilungswahn! Es ist ja nicht so, als hätten wir seinerzeit keinen Blödsinn gemacht, aber wenn du früher bei der Weihnachtsfeier als Engelchen auf dem Tisch getanzt hast, hattest du Flügel an und sonst nicht viel. Dann hat vielleicht einer davon ein Foto gemacht. Das war aber Gott sei Dank verwackelt und man konnte nur einen Flügel und eine nackte Schulter darauf entdecken. Das war eine Bildinformation, die bei Eingeweihten eine gewisse Erinnerung hervorgerufen hat. Sagen wir mal so: Der Benutzer hatte einen in der Krone und das Gerät verhielt sich analog zum Benutzer.

Wenn heute der Chef auf der Weihnachtsfeier der Assistentin die Zunge in den Hals steckt, dann bleibt die auf alle Ewigkeiten da drin. Und zwar auf diesem lustigen, kleinen Clip auf YouTube, den der Kollege im Tran mit dem Handy aufgenommen und noch in

derselben Nacht im besoffenen Kopf im Internet ver-
öffentlicht hat. Der Typ konnte zwar nicht mehr, aber
das Gerät war noch fit. Von solchen Ereignissen gibt
es endlos viele Videos. Man findet alles Mögliche auf
Plattformen wie YouTube, Myspace oder Vimeo. Es
gibt da nichts, was noch nicht publiziert worden ist.

Für diejenigen, die das nicht kennen: Das ist
so eine Art selbstgemachtes Fernsehprogramm im
Internet. Sie können sich selber aussuchen, was
Sie gucken möchten oder auch, was Sie einstellen
möchten. Das wirkliche Privat-Fernsehen, wenn Sie
so möchten.

Und die Leute stellen da einfach alles rein! Ich
frage mich manchmal, ob das wohl mit der Pisa-
Studie zusammenhängt. Weil die Leute ja angeblich
nicht mehr so gut schreiben können. Drücken die
sich vielleicht deswegen lieber mit kleinen Filmen
aus? Sonst beschrieb man doch immer »Mein
schönstes Erlebnis« und verschickte einen zweiseitigen Brief aus dem Urlaub. Daraus ist nun »Mein
schönster Vollrausch« geworden. Aber blöderweise
als Vollfilm, in der Vollversion, mit Vorspann, Abspann
und tausenden Kommentaren von fremden Menschen, die sich öffentlich darüber amüsieren, wie
jemand in seinem eigenen Erbrochenen landet.

Muss man eigentlich alles wissen? Reicht es nicht,
wenn man theoretisch alles essen darf? Natürlich

verfügt jede Epoche über ihre typischen Kommunikationsformen, aber trotzdem fragt man sich doch, ob es nicht besser wäre, wenn man mal von irgendwas überhaupt gar keine Ahnung hätte!

Wir waren anders. In unserer Jugend waren wir anders. Wir waren entweder da, also zu Hause, oder wir waren weg. Und wenn wir weg waren, dann sorgten wir auch dafür, dass zu Hause Ruhe war. Da haben wir nicht nachts um halb drei angerufen und gesagt: »Hallo Mutti! Die Disko war toll. Ich bin voll. Der Bus ist fort. Deswegen steige ich jetzt zu so einem komischen Typen ins Auto. Der hat auch schon ein paar Bier getrunken. Deshalb nehmen wir jetzt vorsichtshalber die Abkürzung durch den Wald.«

Wohin sollen diese Informationen führen? Jetzt mal ehrlich: Man war ja nicht unvorbereitet in der Situation. Die Muttis hatten einen ja davor gewarnt. Die Frage ist ja nur: Woher wussten die eigentlich, wovor sie uns warnen mussten? Ich glaube, viele Muttis können total froh sein, dass es zu ihrer Zeit kein YouTube gab. Und viele Vatis auch.

Das Ganze ist übrigens noch gar nicht so viele Jahre her. Da hat man zu Hause gewohnt. Als Privat-Primat. Da hat man mit den Verwandten gewohnt. Oft sogar mit den eigenen. Und die Eltern, die waren verheiratet. Und zwar meistens miteinander.

Was ist »zu Hause« heute? Das ist ein Ort, wo du deine technischen Geräte aufbewahrst. Wo du eine Steckleiste pflegst, die dir als Ladestation für alles dient. Zu Hause ist, wo der Strom stabil ist und wo das Kabel liegt, mit dem du deine Filme vom Handy auf den Server von YouTube hochlädst. Das ist »zu Hause« heute.

»Ich will gar nicht wissen, was du gemacht hast,
bevor du nach Hause gekommen bist.«

Mutti 1970

»Ich will gar nicht wissen, was du gemacht hast,
nachdem wir aus dem Haus gegangen sind.«

Mutti 1990

»Ich will gar nicht wissen, was du gemacht hast,
als du zu Hause warst.«

Mutti 2010

Facebook oder Sexbook?

Vom Stupsen, Kühe melken und Flirten.
Über Kommunikation, Aufmerksamkeit und Liebe.

Früher war das Dorf unsere Welt. Heute ist unsere Welt ein Dorf. Wie schon angedeutet, tragen wir alle die Sehnsucht in uns, verstanden, bewundert und geliebt zu werden. Kurz: »in Kontakt zu sein« und damit wahrgenommen zu werden. Das sind Grundbedürfnisse und -bestandteile unserer täglichen Interaktion. Solange wir alle in Rufweite wohnten, sind wir für diese Zwecke mit dem Medium »Ton« in Form von Sprechen, Rufen, Fluchen, Singen, Flüstern und Lachen ganz gut klar gekommen. Die Schrift wurde erfunden, weil sie praktisch war, wenn man beispielsweise beschloss, das Elternhaus zu verlassen, um in Gütersloh zu arbeiten. Dann konnte man der Familie Postkarten schicken.

Nachdem der Mensch die Schrift erfunden hatte, entwickelte er die verschiedensten Verbreitungsformen für die Schrift: Vom ins Stein Gemeißelte, über das Buch, bis zur E-Mail oder zum Chat. Früher hat man aber auch nur das Wesentliche in Stein gemeißelt, zum Beispiel die zehn Gebote.[16] Heute publiziert man jeden Furz auf Facebook. Dabei geht es im Prinzip darum, Botschaften zu übermitteln.

Ein Kommunikationskanal transportierte früher für gewöhnlich *eine* Botschaft: Das Radio mündlich verlesene Nachrichten oder Musik, das Telefon Sprache und das Faxgerät Schrift. Recht spät lieferte der Fernseher Bild *und* Ton in Einklang. Ein multi-mediales Gerät kann heute sowohl Sprache in Ton und Schrift, als auch Fotos, Musik oder Filme übermitteln. All das in Farbe oder in Dolby-Surround.

---

16 Wir haben heute neue Gebote: Du sollst niemandem Deine Pin-Nummer verraten. Du sollst Deinen Akku nicht leer werden und Du darfst Deine Druckerpatrone nicht austrocknen lassen. Du sollst Deine armen alten Erstelektronikgeräte in Frieden im Wohnzimmerschrank beerdigen. Und Du darfst Deinen Computer nicht aus dem Fenster werfen. Das sind die neuen Gebote unserer Zeit.

Meistens können unsere neuen Multimedia-Maschinen dies sogar unabhängig von Zeit und Ort, also immer und überall, so dass es schwerfällt, sich dieser Informationsflut zu entziehen. Selbst wenn man keinen dieser neumodernen Gegenstände besitzt, kommt man nicht umhin, seine Mitmenschen beim Spielen oder Arbeiten mit diesen Medien zu betrachten. Der Begriff »Spielen« ist hier auch eher irreführend. Er suggeriert, dass es spielerisch einfach ist, doch das ist es mitnichten! Wer schon einmal versucht hat, seine Daten vom Nokia-Telefon auf einen Mac zu übertragen, wird wissen, wie es ist, drei Tage ohne Essen, Trinken und Schlafen auszukommen. Und wer Verwandte oder Freunde hat, die gewissen Spielkonsolen verfallen sind, wird wissen, wie es ist, wenn man mal Verwandte oder Freunde *hatte*.

Nun gilt es jedoch als erwiesen, dass der Mensch ungefähr ein Drittel seines Lebens verschläft, ein Viertel seines Lebens mit essen, Haare fönen und Zähne putzen beschäftigt ist, und zusätzlich drei Jahre mit Warten verbringt, und da hat man noch nicht einmal einen Parkplatz in der Innenstadt gefunden! Neuerdings kommen 20 Jahre Mediennutzung hinzu. Da fragt man sich doch, wie hat man diese 20 Jahre vorher ohne Medien verbracht?! Indem man all das analog tat, was heute digital geschieht: Leute kennenlernen, tratschen und flirten.

Nur mit einem höheren Lernaufwand. Neben dem eigentlichen Leben und Erleben müssen wir die Nutzung der Medien lernen, wobei allein das ernsthafte Studium der Gebrauchsanweisung und die Installation für ein Telekom Entertain Paket weitere drei Lebensjahre in Anspruch nimmt.

Deshalb kommt immer seltener »jemand vorbei«, wir selbst haben ständig »viel vor« und selbst Achtjährige haben »Termine«. Wir verabreden uns immer seltener persönlich. Weil wir dafür keine Kapazitäten frei haben. Und an dieser Stelle beginnt der Siegeszug eines Mannes, der Mitte zwanzig ist und sich anschickt, der reichste Mann der Welt zu werden, weil er sie neu erfunden hat, die Welt: Mark Zuckerberg. Er ist der Gründer von Facebook.

Facebook ist das, was man früher vielleicht als Jugendzentrum bezeichnet hätte, allerdings auch mit Erwachsenen darin, und was heute »soziales Netzwerk« im Internet heißt. Facebook ist das Größte, um genau zu sein. Daneben gibt es noch andere soziale Netzwerke wie »Wer kennt wen?«, »Schüler- oder StudiVZ« oder »XING«. Aber Facebook hat mittlerweile die *Pole Position* eingenommen und führt mit über 800 Millionen Mitgliedern weltweit. Danach würde sich jede politische Partei die Finger lecken, zumal man bedenken muss, dass es das Unternehmen erst seit 2004 gibt.

Wenn man sich das mal bildlich vergegenwärtigen möchte, dann muss man sich die Gesamtbevölkerung aller EU-Mitgliedsstaaten vorstellen und noch mal 300 Millionen Amerikaner ausleihen. Die Facebook-Community wächst schneller als die Kaninchenpopulation auf der

Rheinwiese. In der Bundesrepublik ist derzeit jeder Vierte dort registriert.[17]

Aber nur weil sich die halbe Welt dort tummelt, müssen Sie nicht der Letzte auf der Titanic sein, wenn Sie sich diesem virtuellen Rummelplatz verweigern. Und nichts anderes ist Facebook: Ein künstlicher Rummelplatz im Internet, auf dem man sich ein wenig amüsieren, aber genauso gut auch auf die Nase fallen kann.

Facebook kann man ungefähr übersetzen mit »Gesichtsbuch« oder »Lies in meinem Gesicht«. Das heißt, da tun Sie Ihr Foto rein, dann erkennt Sie irgendwer und, zack, kriegen Sie Post. Das ist ein massiver Unterschied zum echten Leben: Wer möchte schon den ganzen Tag in einer Kneipe sein, wo man ständig angestupst wird? Das gibt doch eine Riesenschlägerei!

Im gesamtwirtschaftlichen Kontext hat Facebook weitere Nebenwirkungen – es gilt als Arbeitszeitkiller. »Was Sie schon immer wussten, aber nicht zu glauben wagten: Social Networks halten Sie von der Arbeit ab. (…) Social Networks machen demnach mittlerweile 60 Prozent der Arbeitsunterbrechungen aus. 45 Prozent der Befragten könnten so nur 15 Minuten lang ungestört arbeiten. So gingen pro Tag eine Stunde verloren. In Lohnkosten: 10.375 Dollar pro Jahr.«[18]

---

17 Quelle: dapd/dbo/mwa/4 vom 24.06.2011
18 http://meedia.de/index.php?RDCT=0016653879cbca323346
   Quelle: MEEDIA, 25.05.2011

Ein weiterer Superlativ: Der Börsengang steht Facebook bevor und der Firmenwert wird auf 100 Milliarden Dollar, also rund 70 Milliarden Euro, geschätzt: »Aber ist das weltgrößte soziale Netzwerk wirklich mehr wert als BMW, adidas und ThyssenKrupp zusammen?«[19] Die Frage erscheint berechtigt, schließlich handelt es sich bei dem Unternehmen streng genommen um eine simple Internetseite, die sogar noch kostenlos genutzt werden kann. Aber wenn wir uns Facebook als ein Geschäft vorstellen, dann ist dieser Laden gerammelt voll. Wie die Bilder, die wir noch aus den 80er Jahren vom Sommerschlussverkauf kennen, bei dem Karstadt und Kaufhof die Türen eingetrampelt worden sind. Es muss tatsächlich Leute geben, die den ganzen Tag online sind und nach Bekannten suchen. Oder nach Freunden, weil sie im wirklichen Leben keine mehr haben, da sie ja nicht mehr vor die Tür gehen, diese komischen Leute.

Plötzlich schreibt eine Ihnen völlig unbekannte Person eine Nachricht, die direkt auf Ihrer Pinnwand landet. Diese Pinnwand ist übrigens wie eine unentgeltliche Webseite, die nur Ihnen gehört. Dazu zählt ein interaktives Profil, wo Sie ganze Fotoalben, Texte oder Ihre Lieblingsmusik veröffentlichen können. Und diese oben erwähnte, unbekannte Person postet da jetzt also was: »Hallo, ich bin die Geli. Wir waren zusammen auf der Schule. Erinnerst

---

19 Quelle: Nürnberger Nachrichten vom 14.06.2011

du dich noch? Die Heidi ist gestorben und die Reni hat Krebs. Hast du auch so Ärger mit trockener Haut? Melde dich doch mal!«

Da wissen Sie doch sofort, warum Sie die früher schon nicht leiden konnten und warum Sie sich deren Namen nicht gemerkt haben! Und wenn Sie der anschließend antworten: »Geli, du bist immer noch genauso bescheuert wie damals!«, dann können alle Leute, die mit ihr und mit Ihnen befreundet sind, diesen Schriftverkehr lesen. Besser noch: Die können sogar ihre eigenen Kommentare dazu schreiben! Nach dem Motto: »Und du bist immer noch so überheblich wie früher.« Das macht man dann so lange, bis man sich gegenseitig so blöd findet, dass sich alle gegenseitig wieder blocken. Blocken heißt: »Du darfst mein Profil nicht mehr besuchen. Ätsch!« Und dann ärgern die sich! Das ist angeblich schlimmer, als wenn Ihnen zu Hause der Ehemann sagt: Ich lasse mich scheiden! Weil es so unerwartet kommt. Weil man vorher 112 Freunde hatte und plötzlich sind es nur noch 111. Da müssen die erst mal zwei Tage recherchieren, wer überhaupt fehlt!

Also am besten schreibt man da nur ganz höfliche und positive Sachen rein wie: »Toll, du hast dich ja gar nicht verändert!« Doch spätestens, wenn dann kommt: »Du dich auch nicht!« sollten Sie Bescheid wissen.

Auf der anderen Seite gibt es aber auch viele nützliche und lebenspraktische Aspekte in diesem sozialen Netzwerk. So eine Erfahrung hat zum Beispiel die Auszubildende Sandra der Metzgerei von nebenan gemacht. Diese Azubine hat ihre Zuneigung zum Beruf der Fleischerei-fachverkäuferin über das Pflegen kranker Kühe bei Farm-Ville gewonnen.

Okay, das muss man kurz erläutern. Also Sie müssen sich das so vorstellen: Da gibt es auch zahlreiche Spiele, die dem sozialen Netzwerk angebunden sind. Die heißen dann FarmVille oder MafiaWars. Dahinter verbergen sich virtu-elle Bauern- oder Schlachthöfe. Und bei FarmVille können Sie pflegen, säen, ernten oder Tiere züchten. Sie können auch mal was mit einem anderen Spieler tauschen, den Sie nett finden. Dann erhält der von Ihnen irgendwas, was Ihnen über den Kopf gewachsen ist (Tomaten, Gurken oder Soja-Sprossen). Wenn Sie aber jemanden nicht leiden können, dann haben Sie die Möglichkeit, dem Ihre Hasen zu schicken, falls »die Geli« gerade Möhren gesät hat. Die ärgert sich in so einem Fall maßlos! Es soll ja wirklich Leute geben, die morgens aufstehen und den Computer hochfahren, bevor sie überhaupt die Kaffeemaschine ange-stellt haben. Um zu sehen, ob ihnen über Nacht jemand Hasen geschickt hat. Das ist eine echte Plage!

Aber natürlich kannst du anderen auch helfen. Azubine Sandra hat zum Beispiel die Kühe von den Leuten gepflegt, die nicht rechtzeitig aufgestanden sind, um sie zu melken. Das wären im echten Leben richtig schlechte Bauern, aber schlechte Bauern, das wissen wir jetzt, gibt es auch bei Facebook.

So wird die Realität heute in diesen virtuellen Szenarien »nachgespielt«. Die Kinder pflegen künstliche Tiere im Internet und vielleicht gibt es ja auch irgendwann künstliche Tiere, die unsere Kinder pflegen. Oder vielleicht gibt es irgendwann auch künstliche, virtuelle Kinder. Die hätten viele Vorteile. Die schreien ja nicht, wenn sie Zähne kriegen und die sind auch schnell sauber und lassen einen sonntags ausschlafen und die kosten nix. Vorausgesetzt man hat eine Flatrate.

Und je länger ich darüber nachdenke, ist die Geschichte mit Maria und Josef unter diesem Aspekt eigentlich ziemlich weit vorne. Ja sicher, Jesus hatte einen virtuellen Vater. Der hat sich ab und zu aus dem Cyberspace gemeldet und hat ein paar Gebote erlassen, aber man hat nie gehört, dass der mal auf dem Elternabend war!

Sexbook?

Und jetzt zu dem Grund, warum Sie dieses Buch nach der Lektüre des Inhaltsverzeichnisses überhaupt gekauft haben. Warum Sexbook? Ich habe mir sagen lassen, dass bei Facebook unter anderem geflirtet wird, bis sich die nicht auf den Augen der Profilfotos vorhandenen Balken biegen. Dies geschieht angeblich teils subtil oder sehr offensiv, wobei offensiv eher als Straftatbestand gilt und unter »Stalking« fällt.

Zum Inventar eines durchschnittlichen deutschen Haushalts gehört ja heutzutage zwangsläufig mindestens ein Homosexueller. Wer noch keinen hat, sollte sich zügig einen zulegen, denn ohne Homosexuelle im Bekanntenkreis kriegt man gar nicht mehr mit, wie die Welt eigentlich tickt. Von ihnen erfährt man, dass lila die aktuelle Wandfarbe, Gucci out und RayBan wieder in ist sowie in welchen Restaurants der Stadt man essen muss. Last but not least trägt einem so ein Schwuler aber auch stets abendfüllende Seifenopern in das eigene Wohnzimmer, über Liebe, Sex und allerlei damit konnotierte Dramen. Das liegt daran, dass die Schwulen so etwas wie Facebook längst hatten, als Mark Zuckerberg noch Super Mario Brothers gespielt hat: GayRomeo. Eine Plattform im Internet, auf der man(n) in der Rekordgeschwindigkeit von drei Minuten ein Date zum Geschlechtsakt vereinbaren kann. Ohne viel TamTam, Tütü, Chichi oder Schnickschnack direkt auf die Matratze. Alles, was der User braucht, ist ein Profil und idealerweise ein Foto. Die meisten Mitglieder – das muss man hier wortwörtlich nehmen – bei GayRomeo nennen sich übrigens XXL *irgendwas,* und damit ist nicht die T-Shirt-Größe gemeint.

Da man bei Facebook beim Einrichten seines Profils auch gebeten wird, seinen Beziehungsstatus zu publizieren, kann auch dort jeder sehen, ob man Single oder verheiratet ist, sofern man in dem Kästchen einen Haken setzt und den entsprechenden Status ankreuzt. Es gibt auch die

Möglichkeit, sich öffentlich dazu zu äußern, ob man an Männern oder Frauen interessiert ist – oder sowohl an Männern als auch an Frauen. Es besteht sogar die Option, zu schildern, ob der Beziehungsstatus gerade »kompliziert« ist.

Aber schauen wir doch mal genauer hin: Beziehungsstatus ist etwas ganz anderes als der simple »Familienstand« im Pass, bei dem man sich mit verheiratet, geschieden oder ledig begnügen muss. Beziehungsstatus ist erstens nicht amtlich, das heißt, man darf da reinschreiben, was man will. Zweitens ist es viel differenzierter: In fester Partnerschaft, in offener Partnerschaft, in Teilzeit-Partnerschaft oder schlicht als Single. So gibt es eine Fülle von Möglichkeiten, seinen offiziellen Flirtstatus zu positionieren. Gewisse Konflikte und Reibungspunkte bleiben nicht aus. Angeblich hat in England ein Mann seine Ehefrau umgebracht, weil sie bei Facebook als Beziehungsstatus »ledig« angegeben hatte. Das muss man nicht gutheißen, man kann es aber nachvollziehen.

Eine Trennung, die oft für beide, aber fast immer für einen der Partner sehr schmerzlich ist, ist zunächst einmal eine private Sache. Sie war zumindest mal eine private Sache. Natürlich wurde schon immer getratscht, aber auch schnell vergessen. Nun ist die Sache dokumentiert, in diesem Netz mit dem unendlichen Gedächtnis. Auf der eigenen und den Seiten der Freunde stehen die Bilder des gemeinsamen Glücks von mir und jemandem, den ich jetzt entweder vermisse oder nicht mehr ausstehen kann. Diese Bilder kann ich nie mehr verbrennen oder zerreißen. Diese Bilder bleiben. Für immer. Auf einem Server.

Etwas aus dem Netz zu entfernen ist nämlich entschieden komplizierter, als etwas hineinzutun. Wir müssen auf den Tag warten, an dem sich genug Leute über ihre Verflossenen ärgern, und dann gibt es hoffentlich endlich eine Software (z.B. ein »App und weg«), mit der man mit seiner Vergangenheit im Netz Schluss machen kann.

Der fade Beigeschmack bleibt. Die meisten User ahnen gar nicht, dass sie mit jeder preisgegebenen Information über sich und ihr Leben ein Profil von sich publizieren, welches automatisch eine Art »*GayRomeo-light-Version*« beinhaltet. Facebook wird von vielen als reine Dating-Plattform genutzt. Denn jede Information über Wohnort, Interessen, Ausbildung sowie Freunde lassen den aufmerksamen Betrachter – oder wahlweise Stalker – mit ein bisschen Fantasie ein Bild vom User erstellen, das es ihm erlauben würde, ihm auch im echten Leben zu nahezutreten oder nachzustellen.[20]

---

[20] Abgesehen davon teilt derjenige, der seinen Aufenthaltsort preisgibt, auch Einbrechern mit, dass sie jetzt bitte kommen mögen. Einige Versicherer sind schon dazu übergegangen, Facebook-Mitgliedern ihre Prämie für den Hausratschutz zu erhöhen. Quelle: http://www.tarife-verzeichnis.de/nachrichten/3234-soziale-netzwerke-koennten-versicherungspraemien-ansteigen-lassen.html

All diese Informationen der Nutzer bilden aber eigentlich nur die Basis für die im Hintergrund laufenden Robots, die das Profil für individualisierte Werbezwecke verwenden und dafür sorgen, dass rechts auf deiner Seite in Sekundenschnelle Wodka-Werbung aufpoppt, sobald du nur das Wort »Absolut« geschrieben hast. Deshalb ist Facebook kostenlos. Die Macher verdienen durchaus genug Geld damit, dass sie den Werbern dieser Welt Zugang zu deinem Profil gewähren, während man selbst noch denkt: »Mann, ist das lustig hier!«

Ein Facebook-Account ist vergleichbar mit einem Tamagotchi, das man pflegen muss. Wenn man die richtigen Haken an der richtigen Stelle setzt, dann kann man es personalisiert benutzen und verhindern, dass Menschen, die nicht unbedingt sehen sollten, wie man auf der letzten Party Sangria aus dem Eimer getrunken hat, Zugriff auf das persönliche Profil haben. Aber der Haken liegt da, wo man ihn nicht setzen kann: Es ist nämlich saukompliziert, überhaupt zu verstehen, was die Programmierer von Facebook mit bestimmten *persönlichen Einstellungen* bewirken wollen. Das ist wie die Gebrauchsanweisung des Grauens – und wer die gelesen und auch vollends verstanden hat, dem wird die Begeisterung für dieses KGB der Netzwelt wohl eher direkt abhandenkommen.

Facebook ist in der Tat ein Rummelplatz. Eine Achterbahn für Gefühle, mehr Anstupsen als im Auto-Scooter, und es gibt jede Menge Schiffsschaukelbremser und Schießbudenfiguren. Aber um all das zu erleben, geht man schließlich auf die Kirmes.

Daran ist bedenkenswert, dass der Rummelplatz nach vier Tagen weiterzieht, Facebook aber immer und allgegenwärtig ist. Schalten Sie wieder einmal den WLan-Sinn ein: Wenn Sie nicht mehr dazu kommen, Ihre Oma im Krankenhaus zu besuchen, weil Sie Ihre virtuellen Kühe noch nicht gemolken haben, dann ist nicht nur einer, dann sind zwei krank.

Testen Sie Ihr Potenzial!
Machen Sie den Surf-Sucht-Test!

A. Wie oft sind Sie bei Facebook?[21]
  0 = Nie
  1 = Monatlich einmal oder weniger
  2 = Zwei- oder dreimal im Monat
  3 = Zwei- oder dreimal in der Woche
  4 = Vier- oder mehrmals in der Woche

B. Wie viele Glücksnüsse gehören bei Ihnen zu einer typischen Facebook-Sitzung?
  0 = Ein oder zwei
  1 = Drei oder vier
  2 = Fünf oder sechs
  3 = Sieben bis neun
  4 = Zehn oder mehr

C. Wie oft akzeptieren Sie im Rahmen einer Facebook-Sitzung sechs oder mehr Freundschaftsanfragen?
  0 = Nie
  1 = Weniger als monatlich
  2 = Monatlich
  3 = Wöchentlich
  4 = Täglich oder fast täglich

D. Wie oft haben Sie im letzten Jahr an Facebook gedacht?
  0 = Nie
  1 = Weniger als monatlich
  2 = Monatlich
  3 = Wöchentlich
  4 = Täglich oder fast stündlich

E. Wie oft ist es Ihnen im letzten Jahr passiert, dass
   Sie sich nicht mehr ausgeloggt und die Kontrolle im
   Chatroom verloren haben?
   0 = Nie
   1 = Weniger als monatlich
   2 = Monatlich
   3 = Wöchentlich
   4 = Fast täglich oder täglich

F. Wie oft ist es Ihnen im letzten Jahr passiert, dass
   Sie nach einer Chatorgie die Kontrolle über Ihren
   Posteingang verloren haben und sich nicht mehr an
   die Vorgänge der letzten Nacht erinnern konnten
   (Blackout, Filmriss)?
   0 = Nie
   1 = Weniger als monatlich
   2 = Monatlich
   3 = Wöchentlich
   4 = Fast täglich oder täglich

G. Wie oft ist es Ihnen im letzten Jahr passiert, dass Sie
   sich morgens schon vor der Arbeit bei Facebook ein-
   geloggt haben, um überhaupt in die Gänge zu kommen?
   0 = Nie
   1 = Weniger als monatlich
   2 = Monatlich
   3 = Wöchentlich
   4 = Fast täglich oder täglich

H. Wie oft ist es Ihnen im letzten Jahr passiert, dass Sie sich wegen Ihrer Verweildauer bei Facebook schuldig fühlten oder sich Vorwürfe wegen Ihres Verhaltens machten?

0 = Nie
1 = Weniger als monatlich
2 = Monatlich
3 = Wöchentlich
4 = Fast täglich oder täglich

I. Haben Sie im Social-Net-Rausch schon jemanden gestalkt oder sich selbst der Lächerlichkeit preisgegeben (z. B. nach Alkoholgenuss)?

0 = Nein
2 = Ja, aber nicht im letzten Jahr
4 = Ja, im letzten Jahr

J. Hat sich jemand (ein Verwandter, Ihr Arzt, ein Freund, Ihr Vorgesetzter, ein Kollege) schon Gedanken wegen Ihres Surfverhaltens gemacht und Sie deswegen angesprochen?

0 = Nein
2 = Ja, aber nicht im letzten Jahr
4 = Ja, während des letzten Jahres

Auswertung

Mehr als 15 Punkte: Ihr Surfverhalten kann zu ernsthaften Problemen in der Familie und am Arbeitsplatz führen. Ihr Potenzial: Gamma Surfer
Mehr als 9 Punkte: Sie können sich und andere durch Ihr Surfverhalten schädigen. Vielleicht sind Sie zu häufig als Beta-Tester unterwegs.
Weniger als 9 Punkte: Sie surfen im grünen Bereich. Wahrscheinlich sind Sie ein Alphatier, das sich eh von niemandem was sagen lässt.

21 Quelle http://www.alkoholratgeber.de/Alkoholismus_
   Psycho-Test/Page10374/page10374.html:

(A) Wie oft trinken Sie Alkohol?

(B) Wie viele Drinks gehören bei Ihnen zu einem typischen Trink-
   Tag

(C) Wie oft nehmen Sie im Rahmen eines Trinkanlasses sechs
   oder mehr Drinks zu sich?

(D) Wie oft haben Sie im letzten Jahr an Alkohol gedacht?

(E) Wie oft ist es Ihnen im letzten Jahr passiert, dass Sie die Kontrolle über Ihren Alkoholkonsum verloren haben?

(F) Wie oft ist es Ihnen im letzten Jahr passiert, dass Sie sich
   nach einem Trinkgelage nicht mehr an die letzte Nacht erinnern konnten (Blackout, Filmriss)?

(G) Wie oft ist es Ihnen im letzten Jahr passiert, dass Sie morgens schon ein Glas Alkohol brauchten, um in die Gänge zu
   kommen?

(H) Wie oft ist es Ihnen im letzten Jahr passiert, dass Sie sich
   nach einem Trinkgelage schuldig fühlten oder sich Vorwürfe
   wegen Ihres Verhaltens machten?

(I) Haben Sie schon mal jemanden in betrunkenem Zustand verletzt oder sind Sie selbst verletzt worden?

(J) Hat sich jemand (ein Verwandter, Ihr Arzt, ein Freund, Ihr Vorgesetzter, ein Kollege) schon Gedanken wegen Ihres Trink-
   verhaltens gemacht und Sie deswegen angesprochen?

** Auswertung: Natürlich hat unser Surf-Sucht-Test im Gegen-
   satz zum Alkoholiker-Test keine wissenschaftliche Basis.
   Aber eine kleine exemplarische, nicht repräsentative Studie
   im Bekanntenkreis scheint die Vergleichbarkeit zu bestätigen.

>Das Internet heißt bei den Inuit ›Ikiaqqijjuti‹,
übersetzt: ›Ein Schamane reist durch eine
andere Dimension der physischen Welt.‹«[22]

Über Gut(t)menschen und Mutanten im Internet

Das Internet. Was ist das eigentlich? Google? Facebook? Wikipedia? Amazon? Ebay? Youtube oder MySpace? Ist es ein Heilsbringer für alles oder der »Untergang der Kultur«? Gehen wir zunächst einmal davon aus, dass uns dieser Quantensprung der Informatik im alltäglichen Leben hilft. Der prototypische Internet-User vergleicht Preise, bucht Reisen, kauft ein, versendet E-Mails, chattet mit Freunden, pflegt seine private Homepage zum Uploaden von Fotos und sendet seine Steuererklärung via Elster ab. Eventuell treten wir noch einem Anti-Atom-Forum bei und lesen diverse Online-Ausgaben namhafter Presseorgane. Und weil wir nun mal in der Regel keine Neonazis oder Amokläufer sind, bemerken wir in nahezu grenzenloser Naivität überhaupt nicht, dass sich im Inter-

---

22 Quelle: Neon, Unnützes Wissen, Ausgabe Juni 2011

net auch Mutanten tummeln. Das world wide web hat enorme Schattenseiten und stellt ebenso Plattformen bereit für Kannibalismus, Kinderpornografie, Kriminalität und Extremismus in jeder Form.

Was wurde es gelobt in letzter Zeit als Motor für Revolutionen wie im arabischen Raum! Von einer neuen »digitalen Demokratie« und von »politischer Beteiligung mit den Mitteln digitaler Vernetzung«[23] war die Rede. Da tobte der Mob im wahrsten Sinne des Wortes, und manchmal hat sich ja wirklich etwas zum Positiven gewendet. Doch Mob und Masse, das sind große Menschenansammlungen, die sich sowohl in die eine als auch in die andere Richtung manipulieren lassen. Während wir also noch bei Otto-Versand eine harmlose Online-Bestellung aufgeben, findet möglicherweise im Paralleluniversum mit einer anderen URL die Organisation eines Neonazi-Aufmarsches in Brandenburg statt, wo man beschließt, eine Roma-Unterkunft in Brand zu stecken. Und davon bekommen wir nichts mit. Genauso wenig wie vom Kannibalen aus Rotenburg, denn wir haben von Haus aus eher weniger Interesse daran, unseren Nachbarn aufzuessen, vielleicht weil wir eben über einen guten Geschmack verfügen.

Das sind die Mutanten im Netz: Menschen, die sich Anleitungen zum Bombenbasteln downloaden, die sich

---

23 Quelle: http://www.spiegel.de/netzwelt/web/
   0,1518,768496,00.html

vor einem Amoklauf auf die eigene Schule informieren, welche Waffen sie am besten wählen, die untereinander Kinderpornografie austauschen. Sprich: Menschen mit einer degenerierten Veranlagung, die sich hier erstmals organisieren können, Gruppen bilden, sehen, dass sie nicht alleine sind, und sich auf diese Weise mit äußerst pathologischen psychosozialen Strukturen gegenseitig ihrer Normalität versichern. Sie sind nicht mehr allein. Sie sind viele. Und was viele oder in dem Fall *alle* tun, kann ja gar nicht schlecht sein. Es tun alle, weil die Mutanten sich wiederum nicht im Anti-Atom-Forum oder bei Otto-Versand tummeln. Die sehen nur das, was *sie* dort selbst unter Aufbringung gehöriger krimineller Energie erzeugen und verbreiten. Anders ausgedrückt: Der Facebook-User will morgens gucken, was seine Freunde zum Frühstück hatten. Der Kannibale im Kannibalen-Forum will morgens wissen, ob es was, und wenn ja, *wen* es zum Frühstück gibt.

Und darum geht es bei den Schattenseiten des Internets: Plötzlich ist es normal, dass Pornografie auf Knopfdruck ins Wohnzimmer kommt. Die Webseite YouPorn rangiert übrigens laut Statistik in Deutschland auf Platz 28 der beliebtesten Webseiten. Wie erstaunlich ist das denn, bitteschön? Sind im Netz etwa unter Umständen doch nicht ausschließlich Gut(t)menschen unterwegs?

Ende der 80er Jahre war es noch Usus, dass sich in jeder mittelgroßen Kleinstadt fünf lila Latzhosenträgerinnen am internationalen Frauentag zum Eierwerfen auf Sexshops verabredet haben. Wo sollen die denn jetzt ihre Eier hin werfen? Auf ihre Computer? Und sind die ganzen Pornodarsteller eigentlich arbeitslos geworden, seit es üblich ist, Amateurvideos aus dem eigenen Schlafzimmer kostenlos zum Download bereitzustellen? Das kann gerne jemand anders recherchieren, doch worauf ich eigentlich hinaus will, ist folgendes: Die »digitale Demokratie« hat extreme Vorteile und birgt gleichzeitig nicht zu leugnende Gefahren.

Ja, es ist schön und nützlich, dass wir mittlerweile blitzschnell jede Information erhalten können, die wir benötigen. Aber wenn selbst ich jeden Swinger-Club in meiner Nähe googlen kann, dann kann mein Neffe das bestimmt auch. Und will ich das? Wie soll man diesem ganzen Dreck, der mit dem Internet einhergeht, Einhalt gewähren, ohne eine Zensur nach chinesischem Vorbild zu etablieren? Gut, eine deutsche Behörde würde in Zusammenarbeit mit der Europäischen Union sowieso erst mal 137 Kommissionen bilden, um in den nächsten sechs Jahren darüber zu diskutieren, wo Pornografie überhaupt anfängt und wo sie aufhört. Oder: Wann ist ein Kind ein Kind? Und wer haftet für diese Kinder? Bis so ein Politiker mal eine Entscheidung getroffen hat, sind Programmierer längst im Web 5.0 und bringen die Light-Version von ChatRoulette auf den Markt. Das ist ein Video-Chatforum, bei dem zwei Chatpartner einander zufällig zugeordnet werden – und einer von diesen beiden holt sich in der Regel gerade vor seiner Webcam, für alle Welt sichtbar, einen runter.

Deshalb meinte unlängst die anerkannte Medieninformatikerin Debora Weber-Wulff,»es sei höchste Zeit, dass Informatiker endlich in die Politik einsteigen. ›Außer uns versteht ja keiner, was da draußen los ist.‹«[24] Und da ist einiges los,»da draußen«, in der Welt, die auf Mausklick zu uns in die Wohnung kommt.

---

24 Quelle: Stern, Nr. 22 vom 26.5.2011, Titel:»Die Macht des Schwarms – Massenproteste, Aufstände und Jagd nach Plagiaten: Wie soziale Netzwerke die Welt verändern«, Seite 45

Wer – Weiß – Was? Wer – Liefert – Was? Und: Wann – Klaut – Welcher – Doktor – Wieder – Was?

Die angebliche Demokratisierung von Kochrezepten, Wissenschaft, Kunst und Kultur im world wide web.

Wir informieren uns blöd. Zu wer-weiß-was.de gehört Wissen dergestalt, dass sich Menschen mitteilen, wie man Olivenöl-Flecken aus den Terrakotta-Fliesen entfernt. Durchaus praktisch. Aber wenn Sie jemals bei Google in die Suchmaske eingegeben haben, ob Sie dieses oder jenes tun können – oder sollten oder dürften –, dann müssten Sie sich eigentlich erschrocken haben. Denn was Sie über kurz oder lang auf die Seite von www. wer-weiß-was.de, www.wer-liefert-was.de oder www.wie-schreibe-ich-meine-doktorarbeit-ohne-dabei-erwischt-zu-werden.co.kt geleitet, ist nur der Anfang der skeptisch zu betrachtenden und allgegenwärtigen Demokratisierung von Wissen.[25]

In der automatisierten Suchmaskenauflistung von Google öffnet sich nämlich die Liste von Fragen, die zuletzt am häufigsten gestellt worden sind, um Ihnen das Finden von Antworten auf Ihre lebensbedrohliche Situation zu erleichtern, sei es, dass Sie eine Bohnensuppe kochen möchten oder nicht wissen, wie Sie Ihren Duschvorhang am besten reinigen.[26]

Ich habe mir erlaubt, eine dieser Fragen im Rahmen der Einführung des Biosprits E10 zu stellen und wollte schlicht wissen, ob ich das Zeug in mein Auto schütten kann. Also formulierte ich wie folgt: »Kann ich …« Doch die Frage wurde sofort von Google vervollständigt! »…E10 tanken?« Weiter kam ich gar nicht! Stellen Sie sich das mal vor! Sie

---

25 Unter Demokratisierung von Wissen ist jetzt nicht nur Wikipedia zu verstehen. Das ist wirklich eine gute Erfindung, die so manchem Schüler oder Studenten beim Verfassen der Hausarbeiten hilft, ohne auch nur noch den Hintern in so etwas Kompliziertes wie eine Bibliothek bewegen zu müssen. Nein. Das ist nicht der Neid einer älteren Generation. Das ist durchaus legitim, denn nichts anderes hat Karl-Theodor zu Guttenberg auch getan, indem er seine Doktorarbeit zu großen Teilen plagiiert hat. Und glauben Sie mir: Der wird trotzdem noch Bundeskanzler, weil wir uns ja keinen Skandal länger als 2 Wochen merken (können) (wollen) (sollen) – siehe Kapitel **Twummeln**.

26 Den Duschvorhang reinigen Sie übrigens am besten mit etwas Essig oder Zitrone.

dürfen noch nicht mal Ihre Frage zu Ende fragen und schon weiß irgend so ein Programmierer, was Sie wollen! So weit sind wir schon!

Ist es das, was wir uns unter Demokratie vorgestellt haben? Machen Sie das auch mal. Los, fahren Sie Ihren Rechner hoch, falls Sie diese Zeilen nicht gerade sogar als E-Book lesen. Und dann tippen Sie bei Google die Worte »Kann ich« ein. Na? Was sehen Sie da? Eine Liste mit Vorschlägen. Jawohl. Direkt nach der E10-Frage kommt »Kann ich singen?« Das mag damit zusammenhängen, dass gegenwärtig wieder eine Staffel von »Deutschland sucht den Superstar« oder »Popstars« läuft oder *Lady Gaga* bzw. *Pink* in die Stadt kommen. Und unsere Mitmenschen fragen das Internet bisweilen hoch interessante, oft sehr praktische, aber auch nahezu philosophisch anmutende Dinge:

Kann ich schwanger werden?
Muss ich GEZ bezahlen?
Muss ich eine Steuererklärung abgeben?
Muss ich abnehmen?
Muss ich mich arbeitslos melden?
Muss ich Überstunden machen?
Darf ich mein Kind Adolf nennen?
Darf ich mit meiner Cousine schlafen?
Soll ich Schluss machen?
Soll ich mich bei ihm melden?
Soll man Pickel ausdrücken?

Und dann die philosophischste aller jemals gestellten Fragen: *Soll ich mir den Sack rasieren?*

Das ist für den Verfasser der Fragen demaskierend. Da will einer ein ganz intimes Problem lösen, denkt, er wendet sich anonym an die Webgemeinschaft, die ihm eine Lösung bieten soll, und als Gegenleistung klaut ihm Google seine intime – und in diesem Fall etwas peinliche – Frage. Mag sein, dass ihm jemand die Frage beantwortet hat, aber der Preis, den er dafür bezahlen musste, ist, dass die Frage mit dem Sack eine für immer gespeicherte Lachnummer ist.

Der Mensch der Gegenwart weiß offenbar nicht mehr, was er kann, darf oder muss, er weiß auch offenbar nicht mehr, wen er fragen sollte, sondern wendet sich direkt ans Internet und erhofft sich dort die Antworten auf all das, was ihm früher sowohl Experten als auch seine Freunde und seine Familie erklärt hätten. Der Fragende richtet sich an die Welt dort draußen. Er gibt sich mit seinem Problem in die Hände von fremden Menschen und geht davon aus, dass er anonym bleibt. Doch allein seine E-Mail-Adresse lässt Rückschlüsse darauf zu, wer er ist. Und anhand seiner IP-Adresse könnte man sogar herausfinden, wo er wohnt. Das ist nicht anonym. Das ist Striptease in Unkenntnis desjenigen, der sich gerade auszieht.

Besonders befremdlich und neu daran aber ist – und da nehme ich mich mit meiner Erfahrung nicht aus –, dass einem das Internet das Denken abnimmt. Und wo wir gerade beim Denken sind. Wir leben ja angeblich im Land der Dichter und Denker. Uns wird nachgesagt, wir hätten eine bemerkenswerte Geschichte in Sachen Kunst und Kultur. Doch seit es das Internet gibt, dichten und denken mir hier eindeutig einige Leute zu viel! Ich meine, die dürfen von mir aus ruhig denken, aber die Veröffentlichung jedes Gedankens im Blog, bei Twitter oder Facebook – das geht mir zu weit! Hier scheint jeder zu glauben, er sei Fotograf, DJ, Autor oder Sternekoch, ganz zu schweigen vom selbst ernannten Wissenschaftler. Damit werden ernst zu nehmende Berufsstände diskreditiert. Das ist zwar einerseits die Demokratisierung von Kunst und Kultur, aber auf der anderen Seite grenzt es ganz eindeutig an eine Diktatur von Halbwissen!

Waren Sie jemals in einem Forum, um eine Fachfrage beantwortet zu bekommen, zum Beispiel wie Sie Ihr HDMI-Kabel via Sat.Receiver mit dem TV verbinden, um Dolby-Surround hören zu können? Das ist wie Ping-Pong lesen. Und am Ende schreibt der Fragende meistens: »Danke, ich gehe dann wohl mal lieber ins Fachgeschäft.«

Verrückterweise entspricht solch ein Verhalten unserer Natur, also: Wenn einer etwas tut, dann ist es sehr wahrscheinlich, dass ihm ein anderer folgt, und dass es dann »normal« wird. Der Mensch tendiert nicht nur zum Nachahmen, es ist ihm Bedürfnis und Vergnügen zugleich. In der Soziologie nennt man das auch Reziprozität. Das ist das Prinzip der Gegenseitigkeit und stellt ein Grundprinzip menschlichen Handelns dar. Nein, Sie können jetzt nicht zum Knopf Ihrer Nachttischlampe greifen, weil das Wort so kompliziert klingt, denn das Prinzip ist ganz einfach. Dieses Kapitel sollten Sie unbedingt noch bis zum Ende lesen, bevor Sie morgen aufgrund Ihrer Lieblingssendung im TV aufs Lesen verzichten werden.

Stellen Sie sich vor: Sie – morgen früh auf der Autobahn – auf dem Weg zu einem Termin. Vor Ihnen ein Typ, der zu schnell fährt. Darf der eigentlich nicht. Sie fahren rechts rüber, wollen nicht geblitzt werden. Hinter Ihnen aber der Nächste, der dem folgt, der zu schnell gefahren ist. DA! Noch einer! Jetzt überlegen auch Sie. Wenn drei das machen, kann das doch gar nicht so verkehrt sein, oder? Also, rüber auf die linke Spur und aufs Gaspedal drücken. Der erste Fahrer hat im Prinzip den zweiten Fahrer beeinflusst und den dritten, so wie auch Sie selbst. Und jetzt übertragen Sie das mal auf Jugendliche, von denen einer dem anderen auf die Nase haut und das Handy klaut. Geht doch! Man kommt unter Umständen damit durch, und je mehr Leute in einer Gesellschaft etwas tun, desto wahrscheinlicher ist es, dass es andere auch tun. Insofern sozialisieren wir uns alle ständig gegenseitig und wissen zum Teil zwar, dass Dinge verboten sind, aber wer zum Teufel soll denn die Millionen IP-Adressen der User lokalisieren, die illegal Filme und Musik aus dem Internet herunterladen, wo noch nicht einmal Verkehrssünder oder Kleinkriminelle auf der Straße geschnappt werden können?

Ich persönlich kenne einen Staatsanwalt, der seit zwei Jahren mit einem Fall beschäftigt ist. Der arme Kerl hat Angst, der nächste Fall könnte unter Umständen daraus bestehen, die IP-Adressen von Musik-Klaudieben aufzuspüren. Da muss er dann nämlich hin! Zum Klaudieb. Und den Rechner konfiszieren. Und das wäre nicht nur ein Rechner in einer Stadt wie Köln. Das können Sie mir glauben.

Das ist das Prinzip der Reziprozität. Mit der gegenseitigen Sozialisierung, die allgegenwärtig ist, und ständig um uns herum und mit uns geschieht, müssen wir ein wenig vorsichtig sein. Denn das nächste Kannibalentreffen ist nur einen Mausklick weit entfernt. Selbst wenn wir keinen Appetit auf Menschenfleisch verspüren – wer sagt uns denn, dass die uns – oder unseren Neffen – nicht längst auf ihre Speisekarte gesetzt haben?

Die Freuden des Verkaufsgesprächs

Die Freuden des Verkaufsgesprächs sind vorbei.
Zumindest die des Gesprächs von Verkäufer zu Kunden oder von Kunde zu Verkäufer. Noch vor zwanzig
Jahren hatten die Verkäufer das Sagen. Die kannten sich mit ihren Produkten aus, die wussten um
was es ging und die fragten unter Umständen:
»Wo drückt der Schuh?«, bevor sie einen anderen aus dem Regal holten. Sie wurden unterstützt
von der Werbung, von Berichten in Testzeitschrif-
ten und von großformatigen Prospekten, in denen
auf die Vorzüge der einzelnen Ware hingewiesen
wurde.

Wenn eine Frau zu ihrer Freundin sagte: Ich habe
eine neue Waschmaschine. Und die Freundin fragte:
Was denn für eine? Dann sagte sie: AEG. Und die
andere sagte: Oh, ich habe eine Miele. Ah, sagte
die eine, die ist auch gut. Und damit war selbst unter
Frauen das Gespräch über Waschmaschinen als

Geräte vorbei. Eventuell unterhielten sie sich dann noch über die Bedienung oder welches Waschmittel am besten sei oder dass aus Versehen mal die Katze darin eingesperrt war.

Wenn eine neue Waschmaschine fällig war, wurde der nächste Fachhändler aufgesucht und der stellte einem dann Fachfragen: »Wofür brauchen Sie die Maschine? Was tun Sie da normalerweise rein? Wie groß ist Ihre Familie? Brauchen Sie eine Industriemaschine? Reicht eventuell ein Top-Lader? Wir haben auch ein kleines Single-Maschinchen. Was ist Ihnen denn wichtig?« Das alles beantwortete der Verkäufer, nachdem er die Fragen sogar meistens selbst gestellt hatte. Er machte sozusagen eine Anamnese, eine Bedarfsanalyse, bevor er auf seinen Erfahrungsschatz zurückgriff, welches Gerät für den Kunden ideal war. Wie beim Arzt, der einem Medikamente verschreibt.

Das ist heute vorbei. Wer heute eine neue Waschmaschine braucht, der geht zu Wer-weiß-was und gibt ein: Wer weiß, welche Waschmaschine ich brauche? Dann unterhält er sich erst mal mit Unmengen von Menschen über deren Waschmaschinen. Die kennen sich alle mit Waschmaschinen genauso gut aus wie er selbst. Also, um es einmal positiv auszudrücken: Man unterhält sich auf demselben Niveau. Nur weiß man selber, dass man nicht unbedingt weiterkommt, wenn man sich nur auf demselben Niveau unterhält.

»Wo geht's denn hier zum Bahnhof?«, sagt der eine. »Ja, frag mich mal!«, sagt der andere. »Ich frage dich doch!«, sagt der Erste. »Ja, keine Ahnung«, sagt der Zweite. Und dann stehst du da.

Dies hält aber die Menschen nicht davon ab, sich begeistert dieses Verfahrens zu bedienen. Was den Verdacht nahelegt, dass es gar nicht darum geht, irgendwie beraten zu werden oder eine Erklärung zu bekommen, sondern dass man sich gerne über ein Thema unterhalten möchte. Oder dass das Thema eigentlich nur Mittel zum Zweck ist, und zwar dafür, sich unterhalten zu können und irgendwo loszuwerden, was man irgendwo erfahren hat. Bösartig könnte man auch zusammenfassen: Da sich sowieso kein Mensch mehr dafür interessiert, was du zu sagen hast, sagst du es anderen Leuten und die sagen dir dann auch was, was eigentlich keiner hören will, aber alle haben es mal gesagt.

Das Problem aus meiner Sicht ist, dass die allgemeine Kompetenz durch dieses Trial- und Error-Verfahren sinkt. Immer mehr Leute haben von immer mehr immer weniger Ahnung, verbringen aber immer mehr Zeit mit Gesprächen über genau diesen Sachverhalt. Klar ist, dass sich dann natürlich die Schere zur anderen Seite öffnet, dass es immer weniger Leute gibt, die über einzelne Dinge immer mehr wissen und dieses Wissen entweder für sich behalten oder verkaufen oder in ganz kleinen Dosen abgeben, weil sie zum Beispiel die Webseiten von Reiseveranstaltern programmieren.

Also wenn du zum Beispiel einen Flug mit der Fluglinie XY von hier nach Madrid buchen willst, dann kannst du nicht sagen: Köln – Madrid, dann und dann, so billig wie möglich, sondern es wird die ganze Fülle dessen, was mit diesem Flug in Verbindung stehen könnte, über dir ausgeschüttet und du musst es weg-x-en. Nein, du willst keine Flugversicherung, nein, du möchtest nicht eine zusätzliche Risikolebensversicherung nur für diesen Flug für deine Hinterbliebenen angeben, nein, du möchtest kein Kombipaket mit Gepäck, Sandwich und Sitzreservierung. Du möchtest einfach nur eine Sitzreservierung und kein Gepäck – dafür musst du die Maske aber ganz durchgehen! Und irgendwo ist die nächste Überraschung versteckt.

Das Kernargument, was einem an dieser Stelle entgegenschlägt, ist, für den Preis könne man das ja wohl verlangen, dass der Kunde mitwirkt. Vergessen an dieser Stelle werden die vielen Millionen Kunden, die gerne bereit wären, etwas mehr zu bezahlen, wenn sie dafür etwas weniger tun müssten. Interessanterweise ist es so, dass die Sache nicht besser wird, wenn man Premium, First oder Erster Klasse fährt. Nur dann verwandeln sich die Fragen und bekommen ein lächelndes Gesicht, indem man dich eine halbe Stunde damit aufhält, dir zu erläutern, dass dir Übergewicht und Sandwich zustehen. Und du musst begründen, dass du beides nicht brauchst, denn du hast schon Übergewicht und willst deshalb kein Sandwich.

> »Ich brauche kein Auto mit Liegesitzen.
> Ich bin verheiratet.«
>
> So demontierte mein Vater das Verkaufsargument
> eines Autohändlers. Aber damals beurteilte man Dinge
> auch danach, ob man sie benötigte oder nicht.

Das wahre Leben und die Waren fürs Leben

Pimpen, Piepen und Parken. Was für uns durch neue Technologien leichter, schöner, aufregender oder schlicht unerträglich wird.

Die Tragödie der Neuzeit ist eigentlich die, dass wir den Entwicklungen der Industrie immer hinterherlaufen, obwohl wir uns gerade an ein Betriebssystem gewöhnt haben. Wenn früher noch alles Neue vom Mai gebracht wurde, bringt es heute Microsoft. Das Tragische daran ist, dass wir zwischendurch denken, wir seien blöd, weil wir die vermeintlichen Produktverbesserungen nicht erkannt haben. Sind wir aber nicht! Wir haben nur erkannt, dass es sich nicht zwangsläufig immer um Verbesserungen, sondern um Veränderungen handelt. Wir haben keine Zeit, uns nach der harten Einarbeitung in Windows XP mit der Benutzeroberfläche von Windows Vista vertraut zu machen. Dabei scheint es das Ziel zu sein, uns neu zu konditionieren. Das ist so, als müssten Sie auf einmal auf der rechten Seite aus Ihrem Auto aussteigen!

Ganz abgesehen davon, dass Ihre gute alte Software auf dem neuen Betriebssystem nicht mehr funktioniert und für viel Geld »upgegradet« (Neudeutsch »gepimpt«) werden muss. Am schlimmsten habe ich persönlich die Umstellung der Microsoft Office Programme auf »modern« empfunden. Sind wir doch mal ehrlich: Mit Outlook will man E-Mails verschicken. Die neue Oberfläche lässt dich aber denken, du säßest im Cockpit einer Boeing!

Wenn Sie heute mit einem Verkäufer im Saturn oder Media Markt sprechen, der Ihnen gerade die Vorzüge diverser Computermodelle erläutert hat – nachdem Sie seiner überhaupt habhaft geworden sind – und Sie ihn nach dem ganzen Vortrag plötzlich fragen würden: »*Ja, und wofür brauche ich den 15 Zoll Widescreen mit LED-Backlight Display und einer HD Auflösung von 1366 x 768 Pixel nebst 750 GB Festplatte, 4 GB Arbeitsspeicher, und den integrierten Grafikfunktionen von Intel® HD-Grafik², plus High Definition Audio-Option mit 2 Lautsprechern für Dolby® Advanced(TM) Audio v2 zertifiziert inklusive USB DVB-T TV-Tuner samt Mini Adapter inkl. Fernbedienung?*« – dann hat dieser Verkäufer ein Problem. Er kann zwar erklären, was man mit diesen Geräten alles tun kann und wie schnell sie sind, aber die wirklich wichtige Frage, wozu man das eigentlich alles braucht, die wird er nicht beantworten können. Denn wenn ich das richtig verstanden habe, könnte ich mit meinem Outlook bequem nach Malle fliegen, aber keine verdammte E-Mail mehr verschicken, ohne dass das ganze Gerät abhebt.

Bleiben wir mal auf Malle. Es gibt ja All-Inclusive-Touristen und solche, die es lieber individueller mögen. Also solche, die total gerne zum Buffet rennen und sich den Teller voll schaufeln, während die anderen die Spezialitäten des Landes oder das Menü bevorzugen. Beim Microsoft Office Professional Paket gibt es auch eine Menüleiste. Aber in Wirklichkeit müsste die Büffet-Leiste heißen. Da ist alles Mögliche drin, das ich *so* nicht bestellt habe! Aber – und hier beginnt das Drama – ich werde gezwungen, diese »Büffet-Leiste« zu kaufen, sonst kriege ich gar nichts zu essen!

Generation Fax

Wissen Sie eigentlich noch, womit die ganze Tragödie angefangen hat? Mit den Faxgeräten! Das war ein
Quantensprung in unserer Kommunikationselektronik.
Das muss man den jüngeren Lesern vielleicht einmal
von der Tragweite her erläutern. Das Interessante daran war, dass du mit einem Faxgerät einen Brief verschicken konntest. Also noch mal für die Jüngeren:
So ein Blatt, auf dem etwas draufstand, also einen
Brief. Und das konntest du verschicken, ohne zur
Post laufen zu müssen. Das hast du in das Faxgerät reingeschoben und das Papier wurde anschließend eingezogen, während du dem Blatt einfach
nur interessiert hinterhergeguckt hast. Und dann war
der Brief weg. Doch plötzlich kam der oben wieder
raus!

Dann hast du den Brief noch mal genommen, hast
ihn noch mal reingeschoben, bis er wieder oben raus-
kam. Okay, nach dem dritten Mal wurde es etwas
peinlich.

Ich verrate Ihnen mal was: Ich habe lange gebraucht, bis ich verstanden habe, dass man nicht das
Papier verschickt, sondern das, was draufsteht. Sie
können jetzt schmunzeln, aber ich war nicht allein! Ich
habe eine beschworene Erzählung von einer Sekre-
tärin, deren Chef Richter beim Amtsgericht war, und
dieser Kerl verlangte doch tatsächlich von ihr, dass sie
von jedem Fax eine Kopie anfertigen möge! Und zwar
bevor sie es abschickt!

So verhält sich das auch ungefähr mit mir und meinem neuen Outlook-Programm. Um ganz sicher zu
gehen, dass meine Mails auch ankommen, drücke ich
vorsichtshalber automatisch fünfmal auf Senden. Und
erst wenn ich dann eine Antwort erhalte, wie »Ist gut,
Anka! Ist angekommen!«, dann glaube ich das auch.

Das war ja auch schwer zu verstehen mit diesem
Fax. Wissen Sie, was das Entscheidende war? Das
Faxgerät war eine Maschine, die konnte lesen. Und
irgendwo anders, hundert oder gar tausende Kilometer weiter, stand eine Maschine, die konnte schreiben.
Hier wurde das erste Mal eine Information, also das
Geschriebene, von einem Datenträger, also dem Blatt,
getrennt. Diese Trennung von Information und Datenträger gab es vorher nur im Altertum. Wenn der Über-
bringer der schlechten Nachricht vom König einen Kopf
kürzer gemacht wurde. Aber dann fiel den Königen
auf, dass sie auf diese Art ihre ganzen schnellen Läu-
fer verloren — und deshalb wurde das Fax erfunden.

Doch springen wir zurück vom Altertum direkt in die Gegenwart und hin zu diesem Fachverkäufer aus dem Elektrohandel. Stellen Sie sich vor, Sie sind umgezogen, weil vor Ihrer alten Haustür die bereits erwähnten sechs verschiedenen Kabelanbieter die Straße so oft aufgebohrt und wieder zugeschüttet haben, dass Sie sich morgens nur noch mit Werkshelm, Ohrenschützern und Sicherheitsschuhen vor die Tür wagen konnten.[27] Ihr neuer Vermieter hat sich dummerweise von seinem Architekten eine moderne digitale Satelliten-Anlage aufschwatzen lassen. Jetzt sind Sie wieder der Dumme, weil Sie erst mal aus Ihrem alten Kabelvertrag herausmüssen. Dagegen sind Änderungen am Schengener Abkommen eine einfache Sache. Außerdem können Sie nun sämtliche alten Receiver bei Ebay verkaufen, weil die nicht digital sind, was Ihnen aber erst einmal keiner verrät. Deshalb verbringen Sie eine geschlagene Woche mit dem hinfälligen Versuch, Ihren Fernseher zu programmieren. Doch Sie erhalten auf Teufel komm raus kein einziges Signal! Da ist kein Bild! Da kann nicht zusammenwachsen, was zusammen gehört, weil da nichts mehr zusammen gehört!

Also müssen Sie wieder in den Media Markt zu dem besagten Fachverkäufer. Der neue Receiver ist nicht unter

---

27 In dieser Montur sind Sie selbstverständlich auch die letzten sechs Jahre ins Bett gegangen. Ganz zu schweigen davon, wie unsexy das ist, wenn Sie sich jeden Morgen einen gelben Pfropfen Oropax aus den Ohren friemeln.

200 Euro zu kriegen. Für Ihren Alten wurden Ihnen übrigens nur noch fünf Euro geboten. Dafür empfangen Sie nun Hunderte TV-Programme, wovon die meisten in Sprachen sind, für die sich ausschließlich Völkerkundler interessieren. Doch es geht noch weiter. Jetzt müssen Sie auch noch zwei Fernbedienungen »lernen«. Da sehnt man sich doch heimlich nach der Zeit zurück, in der es nur drei Programme gab – gerne auch in schwarz-weiß! Denn wie lange dauert es, sich aus 900 Sendern mittels einer TV-Zeitschrift einen gemütlichen Fernsehabend zusammenzustellen? Da ist der Abend doch vorbei, bevor er angefangen hat! Das widerspricht doch dem allgemeinen Verständnis von »gemütlich«! Das ist purer Stress![28]

Da hat der WLan-Sinn schlicht versagt. Vielleicht hat er auch ein Nickerchen gemacht, so wie Ihr Schatz auf dem Sofa, während Sie immer noch das richtige Programm suchen und dann niemanden mehr haben, mit dem Sie sich

---

28 Ein vergleichbares Beispiel aus der analogen Welt sind amerikanische Starbucks-Kaffebuden, die überall aus der Erde sprießen wie Unkraut. Wer zum Teufel hat aus dem guten alten Kaffee mit Milch eigentlich eine Kombination aus »Haselnuss-Kirsche-Vanille-Amaretto mit Low-Fat und laktosefreier Soja-Milch« gemacht? Das Teure an dieser Form des neuen Kaffeegenusses ist übrigens nicht der exotische Kaffee selbst, sondern das Personal, das pro Kunde eine halbe Stunde benötigt, um dir aufzuzählen, welche Variationen du bestellen kannst. Manchmal ist weniger einfach mehr.

darüber freuen können. Denn neben Ihnen atmet zwar noch jemand, aber dieser Jemand schläft tief, fest und friedlich. Vielleicht träumt er von den Zeiten, in denen man einfach am Sonntag um 20.15 Uhr den »Tatort« geguckt hat. Auf Knopfdruck. Mit *einer* Fernbedienung. So gucken Sie den »Tatort« jetzt eben zeitversetzt, aber leider allein![29]

Man macht sich selten klar, dass nicht nur alle Kommunikationsmedien, sondern praktisch auch alle elektrischen Haushaltsgeräte computergestützt arbeiten. Wie es Angehörige höherer Kulturen manchmal wohlmeinend mit den Angehörigen primitiver Stämme versuchen, reden sie mit uns in einer Sprache, von der sie glauben, dass wir sie verstehen: Sie piepen.

Psychologisch betrachtet ist das richtig: Sie erwischen uns damit auf einer Ebene, auf der wir automatisch an Kleinkinder denken und entsprechend reagieren. »Oh, der

---

29 Das Beispiel gilt jetzt ausschließlich für autonome Erwachsene mit einem *eigenen* Fernsehgerät und einer *eigenen* Fernbedienung. Sollten Sie noch bei Ihren Eltern leben, dann haben Sie gewiss auch so einen auto-didaktischen Diktator namens Vater an der Fernbedienung, der mit der Aufmerksamkeitsspanne einer Ameise durch die 900 Programme zappt, immer auf der Suche nach einem Western, den er noch nicht gesehen hat. Dabei hat er bereits ALLE Western gesehen und will einfach nicht akzeptieren, dass John Wayne seit vielen Jahren tot ist! Wenn Sie aus derartig traumatisierenden Familienverhältnissen stammen, neigen Sie gewiss dazu, abends vor dem ZDF einzuschlafen, egal was gerade läuft. Hauptsache, es bleibt dabei.

Trockner piept! Jetzt will er gelobt werden, weil er so schön getrocknet hat!«»Oh, das Handy piept, das arme kleine Ding! Hat wohl keinen Saft mehr...« Und was machen wir? Wir rennen sofort hin und machen und tun und lassen alles andere dafür liegen.

Am meisten piept es ja in Autos. Das Einparken war früher eine recht simple Sache. Hinstellen. Zielen. Rückwärtsgang und los. Dafür hatte man zwei Stoßstangen. Das war Einparken in zwei Zügen. Popp. Popp. Drin! Doch was ist nur aus der guten alten Stoßstange geworden? Eine das Fahrzeug ummantelnde Kunststoffhülle zur Aufbewahrung von Pieptönen in Wagenfarbe! Wenn ich Stoßstange wäre, dann wäre ich depressiv.

Neulich habe ich versucht einzuparken. Vorne piep. Hinten piep. Auf einmal macht es im Auto »piep«, also so, als wäre jemand nicht angeschnallt. Ich war aber angeschnallt! Ich hatte sogar diese vorschriftsmäßige Schramme am Hals vom Sicherheitsgurt, die von der StVO vorgeschrieben ist. Für Leute unter 1,60 Meter. Angeschnallt ist also gesetzlich Pflicht, halb erwürgt zu werden in dem Fall staatlich abgesegnet.

Was war passiert? Ich hatte meine Handtasche auf den Beifahrersitz gestellt. Schwerer Fehler! Ab 7,8 Kilo sitzt da nämlich angeblich jemand. Zusätzlich ging automatisch die Sitzheizung an. Und unten in der Tasche schmolz der Labello zu einer Pampe, die ich anschließend mit der Nagelfeile aus der Tastatur des Handys kratzen musste.

Auf dem Beifahrersitz *saß* also meine schwere, einsame Handtasche. Nicht angeschnallt! Der Punkt ist nämlich folgender: Die Damenhandtaschen werden immer schwerer, weil die Handys der Männer immer kleiner werden. Irgendjemand muss ja die ganzen Ladegeräte und Zusatzteile durch die Gegend tragen.

Die ganze Pieperei hat aber noch einen bemerkenswerten Nebeneffekt: Unsere Umwelt verändert sich und andere Lebewesen reagieren auf die akustischen Signale. Vögel imitieren inzwischen den berühmten Nokia Jingle, der ertönt, wenn man sein Mobiltelefon einschaltet. Wer den Vögeln im Garten und sich selbst etwas Gutes tun will, lässt sich besser vom Rufton der *Nachtschwalbe* anklingeln. Das ist eine Oper aus dem Jahr 1947. Doch wer hat überhaupt gesagt, dass alles, was älter ist als 24 Stunden, nichts taugt?

> **WLAN-SINNS-TIPPS!**

1 Wenn es draußen auf der Straße piept, und Sie sehen ein großes orangefarbenes Auto, müssen Sie nichts unternehmen. Das ist die Müllabfuhr.

2 Wenn Sie heute zu Ihrem Sitznachbarn im Zug sagen: »Bei Ihnen piept es«, wird er nicht beleidigt sein, sondern interessiert zurückfragen: »Tatsächlich? Wo denn?« Und Sie antworten: »Weiß nicht. In der Hose oder im Rucksack.« Da wird er sich bedanken!

3 Wenn Ihnen die Pieperei in Ihrem Auto auf den Keks geht, verkaufen Sie den Wagen nicht sofort wieder bei mobile24.de! Manche Funktionen kann man ausstellen. Suchen Sie in der übersichtlichen 200-seitigen Betriebsanleitung. Falls Sie ein Fahrzeug mit Stern besitzen, besuchen Sie unauffällig einen Schrottplatz und kaufen Sie ein gebrauchtes Verschlussteil vom Sicherheitsgurt. (Achtung! Dieser Tipp ist nicht jugendfrei! Es gibt nämlich drei Gebote, an die sich jeder Deutsche hält. Das sind: nicht bei Rot über die Ampel fahren, *Bio* toll finden und sich immer anschnallen, auch wenn man das Auto nur in die Garage fährt).

4 Wenn Sie im Wald stehen und das Gefühl haben, jemand ruft Sie an, machen Sie sich keine Sorgen. Das ist schon in Ordnung. Sie stehen im Wald und die Vögel zwitschern Klingeltöne.

5 Wenn Sie mitten in der Nacht von einem Piepen geweckt werden, ist das wahrscheinlich ebenfalls in Ordnung. Das wird lediglich der Wecker sein, weil Sie verreisen wollen.

6 Wenn Sie von Waschmaschine, Trockner, Spülmaschine, iPad und Handy durch ein Piepen beim Fernsehen gestört werden, wecken Sie Ihren Schatz und sagen ihm, er möchte sich bitte darum kümmern, denn er hat sowieso den Anfang vom »Tatort« verpennt.

Bei all diesen Beispielen drängt sich die Tragödie der Moderne wieder in den Vordergrund: Unsere Geräte schaffen Mehrarbeit. Die Wege, die Kosten, die Dauer der Installation und der Programmierung, die Fahrten zum Elektrohandel, das stundenlange Suchen von Verkäufern, die mit dir Verstecken spielen, das Gehampel auf dem Dach, das Gefummel mit den zwei oder vier Fernbedienungen – und zwischendurch die dämlichen Fragen der Interessenten von Ebay, die wissen wollen, ob dein alter analoger Receiver einen HDMI-Ausgang hat. Was für eine BESCHEUERTE FRAGE![30]

Da wird eines deutlich: Das wahre Leben ist etwas anderes als die Waren des Lebens.

---

30 Falls Sie jetzt zu denen gehören, die sich fragen: »Wieso ist das eine bescheuerte Frage?« Weil analog halt etwas anderes ist als digital und alles, was mit HD anfängt, angeblich digital ist. So viel weiß ich mittlerweile nämlich schon! Ist Ihnen übrigens schon mal aufgefallen, dass ein neues TV-Gerät mit einem halben ausgedruckten Regenwald, getarnt als Gebrauchsanweisung, ins Haus kommt? Von den tausend Seiten Text in Kyrillisch und Bulgarisch sind allerdings nur 20 Seiten auf Deutsch. Und weil der Hersteller irgendwo sparen musste, fehlt das alles entscheidende Kabel, weil es nicht im Lieferumfang enthalten ist.

Beam me up und Falt me down

Das nächste Phänomen, das unser Leben komplett verändert hat ist das Beamen. Beamen gibt es. Jawohl! Körper sind an anderen Orten, wissen aber nicht mehr, wie sie dahin gekommen sind.

Das geschieht mit Hilfe eines Navigationsgerätes. Das hat einen Vorteil, das Navigationsgerät: Auch Frauen kommen im ersten Versuch dahin, wo sie hin wollen. Bitte ersparen Sie mir geheuchelte postfeministische Empörung an dieser Stelle. Das muss man mal anders betrachten: Das Ganze hat eine positive Seite und diese Seite heißt: Frauen *lassen* sich helfen!

Ich sage jetzt mal die Gegenbeispiele für Leute, die sich nicht helfen lassen: Moses – 40 Jahre in der Wüste. Kolumbus – kürzester Seeweg nach Indien. Odysseus – zehn Jahre nach dem Krieg zu spät nach Hause gekommen, weil er sich verfahren hat. Und dann ist er auf eine Insel gelangt und von einer Zauberin gefangen gehalten worden, einer Zauberin namens Circe, weswegen das ja auch so heißt »becircen«. Und die hat was ganz, ganz Schlimmes gemacht. Die hat ihn und seine Männer in Schweine verzaubert. Kann mir mal einer sagen, was dabei der Trick war?

Das sind doch schöne, erhellende Spielereien, die unser Leben bereichern. Und auch hinsichtlich der Navigation hat es Vorteile. Erinnern Sie sich noch an den Falk-Plan? Falk, nicht Falt, obwohl man das oft verwechseln konnte. Beim Faltplan wusste man ja nie, was wichtiger war: Das Ding lesen können oder es richtig zu knicken. Das war in dem Fall eine Wissenschaft für sich.

Ich werde das nie vergessen: Vater, Mutter, Kind in Paris und die Champs-Elysées immer im Knick. Und dann immer diese Zerwürfnisse bei dem Versuch, den Falk-Plan auf der Motorhaube auszubreiten. Wenn du heute deinen Kindern erzählst, dass du dich mit deinen Eltern über einen Falk-Plan gestritten hast, dann denken die doch wieder, sie haben in Geschichte nicht aufgepasst!

Beta-Tester und Bananen-Produkte

Über nebenberufliche Tätigkeiten,
die Sie garantiert nicht beim Finanzamt
anmelden müssen.

Arbeit ist das, was wir tun, um Geld zu verdienen, damit wir uns davon bestimmte relevante und unrelevante Dinge kaufen können. Im Prinzip belohnen wir uns selbst mit dem Konsum von Gegenständen, weil man uns mit der Arbeit unsere persönliche Zeit geraubt hat. Das ist schon in Ordnung so. Dabei geht es nämlich, rein psychologisch betrachtet, um die Herstellung von Individualität und Identität außerhalb des Arbeitszusammenhangs. Tagsüber muss man sich mit der Firma identifizieren, für die man arbeitet, und nach der *Corporate Identity* möchten wir gerne wieder unseren eigenen Körper in den Mittelpunkt unseres Interesses rücken.

Leider hält die Freude an neuen Produkten meist nicht lang an. So kaufen wir durchschnittlich im Laufe eines Lebens acht Fahrzeuge, elf Computer, sechs TV-Geräte und vier Waschmaschinen. So weit so gut. Einige von uns tendieren aber auch dazu, sich eine Garage als Schuhschrank zu halten, wie Imelda Marcos, die Diktatoren-Gattin von den Philippinen. Das sind wohl die eher irrelevanten Konsumgüter, je nachdem, aus welcher Perspektive man es betrachtet. Seit »Sex and the City« wissen die meisten Frauen: Ein Leben ohne Schuhe ist zwar möglich, aber nicht sinnvoll. Doch das Tollste ist: Zum Shoppen müssen wir das Haus heutzutage gar nicht mehr verlassen! Wie crazy ist das denn? Amazon, Zalando, Brands4friends, Tchibo, ProMarkt – jeder Händler liefert uns seine Ware innerhalb von 24 Stunden auf die Fußmatte.

Doch Stopp! Der Haken dabei: Wir werden automatisch zur Einzelhandelskauffrau oder zum Reiseverkehrskaufmann, wenn wir beispielsweise eine Reise buchen. Das liegt daran, dass wir nicht mehr nur Kunde und Konsument sind, sondern Teil der Ware, indem wir der Industrie und den Herstellern Arbeit abnehmen. Aus der *Arbeitsteilung* vergangener Zeiten wurde heute eine *Arbeitsverteilung*, in der wir alle ein bisschen Arbeit mit erledigen.

Wir opfern selbst in unserer wertvollen Freizeit, in der wir uns eigentlich belohnen wollten, unsere Zeit für Unternehmen wie Amazon, die Deutsche Bahn oder Ryanair – und zahlen auch noch was dafür! Das sind klassische nebenberufliche Tätigkeiten, die wir beim Finanzamt nicht angeben müssen.

Würden wir im Job ausreichend Anerkennung, Lob und eine adäquate Belohnung für unsere Leistung bekommen, müssten wir uns dann auch so viele Handtaschen, Handys und Jeanshosen kaufen? Vermutlich nicht. Denn vergleichen wir Arbeit mit Spiel, dann fällt sofort auf, dass wir gerne freiwillig stundenlang spielen. Und warum? Weil wir beim Spiel einerseits unser eigener Boss sind und andererseits ständig belohnt werden. Mit dem Erreichen eines höheren Levels, mit künstlichem Geld, von dem wir uns Waffen kaufen können und mit neuen Kräften, die uns virtuelle Feinde per Knopfdruck aus dem Weg räumen lassen. Auf der Arbeit kommt der Chef höchst selten vorbei, um uns zu einer leer geräumten Ablage zu gratulieren oder eine Gehaltserhöhung anzubieten, weil wir es geschafft haben, eine Woche am Stück pünktlich im Büro aufzutauchen. Stünde aber auf dem Bildschirm im Office nach einer erfolgreich absolvierten Eingabe in eine Kundenmaske: »Das haben Sie toll gemacht! Dafür erhalten Sie 10 Gummipunkte für Ihre Personalakte. Am Ende des Jahres können Sie sich von den Gummipunkten a) eine Beförderung, b) eine zusätzliche Urlaubswoche oder c) einen Designer-Drehstuhl kaufen« – dann müssten wir vielleicht deutlich weniger Schuhe bei Zalando shoppen.

Es ist bedauerlich. Arbeit hat grundsätzlich eher selten etwas mit unserer persönlichen Motivation zu tun, es sei denn, wir sind Waldorf- oder Montessori-Lehrer geworden. Wenn wir aber eine Reise buchen, dann tun wir das explizit für uns! Mit einem konkreten Ziel vor Augen (Malediven, Ibiza oder Allgäu). Und das tangiert uns natürlich mehr, als eine Akte von A nach B zu schieben. Außerdem sind wir in der Regel erfolgreich bei dem, was wir dort im Internet tun und anklicken. Das bereitet uns sehr viel Freude und es beflügelt uns. Gut, es gibt bestimmte Seiten, auf denen ist man oft gerade fertig mit der Eingabe aller erforderlichen Daten von der Schuhgröße bis hin zur 11-stelligen Visa-Card Nummer und denkt, man sei am Ziel – doch dann poppt dieses nervige Fenster auf: »Ihnen ist ein Fehler unterlaufen. Sie haben die Zeit des Servers überschritten. Bitte starten Sie den Vorgang erneut!« Das ist dann so, als müssten wir unbezahlte Überstunden leisten. Aber es macht trotzdem Spaß, denn wir sparen ja irgendwo irgendwas beim Online-Buchen oder Einkaufen. Und wir beschweren uns nicht. Bei wem auch? *Wir* wollen ja was von *denen*. Die merken doch gar nicht, wenn wir etwas *nicht* kaufen. Und wenn wir den Computer aus dem Fenster werfen, bleibt das auch nur so lange unser Problem, bis wir einen neuen kaufen. Müssen.

Daraus resultiert eine wichtige Frage: Wer produziert eigentlich in Zukunft in unserem Land die ganzen Waren und Dienstleistungen, die wir mittlerweile gut gelaunt selbst herstellen und durchführen? Weiß der nette Mann, der uns am Bahnhof die Bedienung des Fahrkartenschalters erläutert eigentlich, dass er uns seinen Arbeitsplatz übergibt und es nur eine Frage der Zeit ist, bis er seinen Job verliert? Und weiter nachgedacht: Zahlen wir am Ende dann als Steuerzahler für die selbstgemachte Steigerung der Arbeitslosenquote im Land?

Mascarpone in der Eifel

Noch interessanter ist: man weiß bald nicht mehr, wer wen imitiert. Als Beispiel muss jetzt mal die gute alte Bundesbahn, künftig Bahn AG, herhalten. Vorweg: Ich bin der festen Überzeugung, dass AG in diesem speziellen Fall nicht Aktiengesellschaft bedeutet, sondern der wahre Sinn ist: Arbeitsgemeinschaft, und zwar Arbeitsgemeinschaft der Kunden, um ein Ziel zu erreichen. Relativ unbekannt und noch nicht erforscht ist es, dass Schalterbeamte bei der Bahn den Abfragemodus des Fahrkartenautomaten imitieren.

Wenn du also als eiliger Berufsreisender zum Schalter gehst, dann machst du das, weil es schneller gehen soll als am Automaten, der dich im Stil einer gemütlichen, humoristischen Bahnhofsvorsteher-Figur aus einem Miss-Marple-Film aus den 60ern befragt:

»Wo soll es den hingehen? Hauptbahnhof, Vorbahnhof, Nachbahnhof, freie Strecke? Tatsächlich mit der schnellsten Verbindung? Sonst gäbe es da auch noch einige andere. Ihre Bahncard kann nicht gelesen werden, tz,tz,tz ... Wollen Sie direkt zum Ticket?«

Ja, wohin denn sonst!?

Aus Gründen der Automatisierung ist der Aufwand und die detaillierte Fragestellung immer dieselbe, egal ob du von Bonn nach Köln willst oder von St. Peter Ording nach Petersburg.

So und nun das Lustige: am Schalter auch!

Du sagst: »Hier von Berlin nach Hamburg Hauptbahnhof, nur Hinfahrt, 2. Klasse, mit dem Zug der in 10 Minuten kommt, mit allen Zuschlägen«.

»So nach Hamburg. Hauptbahnhof, Altona oder Dammtor?«

»Hauptbahnhof

»Erster Klasse oder zweiter Klasse?«

»Zweiter Klasse.«

»Wann wollen Sie reisen?«

»Sofort.«

»Rückreise?«

»Nur einfache Fahrt.«

»Das kostet einen Zuschlag.«

»Ja, ist ok.«

»Haben Sie eine Bahncard?«

»Ja.«

»Die Karte kann nicht gelesen werden.«

»Dann stecken Sie sich die Punkte doch bitte sonst wohin.«

»Das geht nicht, da stecken schon die Punkte von dem Herrn vor Ihnen.«

Die grausame Wahrheit ist die: Unternehmensberater haben herausgefunden, was man für eine korrekte Fahrkarte erfragen muss. Dies wurde an Informatiker weitergeleitet, die daraus eine Fragemaske erstellt haben. Und da wir uns alle in Zukunft an die Automaten halten sollen, müssen die Angestellten der Bahn jetzt schon mal wie die Masken fragen. Das ist Psychologie, damit wir keinen Unterschied merken!

Leider kann ich mich erinnern: Als ich sechzehn war, hatte ich den Auftrag, für unsere Klasse die Fahrkarten für den Ausflug ins Schullandheim Nähe Kyllburg/Eifel zu besorgen. Der Preis war aufgrund der Kilometerpauschale für die zweite Klasse überschlagen worden. Ich stehe also mit einer Schulfreundin – zur Bewachung des vielen Bargelds – am Schalter und sage: »Von Köln nach Kyllburg und zurück, dann und dann. Für 23 Schüler und zwei Lehrer.« Ab jetzt läuft die Zeit:

»Also von hier nach Kyllburg und zurück, mit 23 Schülern und zwei Lehrkräften, das ist eine Gruppenreise. Da gebe ich dir einen Schein und die Karten kommen jetzt. Ihr müsst in Euskirchen umsteigen, ja! Und du halt mal der Frau mit den zwei Koffern die Tür auf! Ja, danke. So, hier die Karten, für jeden eine! In Kyllburg gibt es eine Konditorei, die hat super leckeres Mascarpone-Eis, müsst ihr mal probieren. Hier ist der Schein für die Lehrer.« 3 Minuten! Höchstens!

Mal abgesehen davon: Welcher Lehrer vertraut heute einem Schüler ein paar hundert Euro an? Und darauf, dass er den Rest zurückbringt?

Das Arbeitsprinzip, das hinter der modernen Arbeitsorganisation steckt, heißt AAL: Andere arbeiten lassen. Und das ist meines Erachtens das erste ökonomische Prinzip, welches in der Literatur erfunden wurde, und zwar von Mark Twain in der Figur des Tom Sawyer. Können Sie sich dunkel daran erinnern? Der Tom war frech zu Tante Polly und Tante Polly ließ ihn zur Strafe den Zaun streichen. Das ist ziemlich peinlich für einen kleinen Jungen, während die Kumpels alle drum herum sitzen und ihm eine lange Nase machen. Die große Leistung von Tom für die Geschichte und für die Gegenwart ist es, dass er die anderen Jungs davon überzeugt hat, dass Zaunstreichen ein kolossales Privileg ist, das nur Auserwählten zuteilwerden kann. Und dass jeder sein persönliches kleines Vermögen darin zu investieren habe, einmal eine Latte von diesem Zaun streichen zu dürfen. Das hat geklappt. Die Sache wurde erst nach viermal Zaun streichen von Tante Polly unterbunden. Das war damals ein literarischer Witz. Heute ist das ein Geschäftsprinzip. Wir aber sind so doof und streichen unentwegt die Zäune von anderen Leuten. Sprich: Die Zäune der Industrie.

Die Industrie mutet uns eigentlich noch viel Schlimmeres zu! So wie die Maske im Internet plötzlich nicht mehr funktioniert und »abstürzt«, müssen wir lernen, mit Halbfertigprodukten zu leben. Halbfertigprodukte sind zum Beispiel Navigationsgeräte. Da gibt es eine Funktion, die heißt: »Fehler melden«. Ich dachte lange Zeit, da könnte ich draufdrücken und denen sagen: »Hör mal, hier ist keine Verbindung!« Das ist aber gar nicht damit gemeint! Die möchten einfach nur, dass ich ihnen eine Meldung mache, wenn sie die Hans-Böckler-Straße mit »oe« geschrieben haben. Das hab ich auch gemeldet, um zu überprüfen, ob es funktioniert. Und tatsächlich: Die haben das beim nächsten Software-Update korrigiert. Gut, dabei wurden dann zwar meine Landkarten von Österreich und der Schweiz aus Versehen gelöscht, aber der Böckler, der wird endlich mit »ö« geschrieben. Und für diese Hilfe wurde ich sogar gelobt! Das heißt, ich habe Anerkennung bekommen. Von der Industrie. Weil ich der Menschheit einen großen Dienst erwiesen habe. Früher musste man dafür Leben retten oder zumindest einige Jahre unter erschwerten Bedingungen in einem Hospital mit Lepra-Kranken in Bangladesh arbeiten.

Das macht die Industrie durchgängig bei fast allen Waren so. Viele Produkte werden heute an den Verbraucher herangetragen, obwohl sie noch nicht ganz fertig sind, damit der Verbraucher die Hersteller dabei unterstützt, diese Produkte fertig zu machen. Dafür wird der Kunde gelobt, was uns wieder an die Arbeit erinnert, bei der wir gerne gelobt werden würden, bei der es aber selten dazu kommt, weshalb wir uns selber belohnen, indem wir uns T-Shirts, Sonnenbrillen oder Handtaschen kaufen. Und jetzt erfüllt diese Funktion, uns mit Anerkennung zu überschütten, die Industrie.

Es gibt sogar eine Berufsbezeichnung für diese (un-)freiwillige Unterstützung bei der Produktentwicklung: Beta-Tester. Ja, wir sind alle Beta-Tester. Übrigens: Das müssen Sie auch nicht beim Finanzamt als nebenberufliche Tätigkeit anmelden. Das können Sie vollkommen unentgeltlich machen, vorausgesetzt, Sie haben vorab in Form des Erwerbs des zu testenden Produkts Ihren Mitgliedsbeitrag gezahlt.

Dabei ist es noch gar nicht so lange her, als es Firmen total peinlich war, wenn sie ein Produkt auf den Markt gebracht haben, das nicht funktioniert hat. Da haben die sich geschämt. Heute verkaufen die halbfertige Produkte mit Vorsatz, damit sie dann vom Kunden erfahren, was daran noch repariert werden muss. Manche technischen Innovationen werden auch als Bananenprodukt bezeichnet, weil sie beim Kunden *reifen*. So werden wir ungewollt zu helfenden Affen.

Wir haben uns seit geraumer Zeit daran gewöhnt, dass wir elektrische Geräte als Halbfertigprodukt geliefert bekommen. Wie konnte es so weit kommen? Wohl, das können wir festhalten, weil wir sonst zu wenig Anerkennung bekommen. Wir mögen diese Halbfertigprodukte. Wir werden gerne gelobt. Wir unterstützen gerne, wenn uns ein Pop-Up-Fenster fragt, ob wir mal eben kurz 15 Minuten Zeit hätten, um ein paar Fragen zum Produkt zu beantworten, damit wir zu dessen ständiger Verbesserung beitragen. Außerdem können wir da meistens irgendetwas gewinnen und geben dafür noch preis, wo wir wohnen, damit man uns den Gewinn dann auch zustellen kann. Leider erhalten wir meistens im Anschluss an eine solche Aktion nur lauter bunte Prospekte.

Ein berühmtes Halbfertigprodukt ist Knack und Back. Kennen Sie das noch? Mit Knack und Back konnten Sie Ihre kleinen Brötchen das erste Mal selber backen. Womit wir voll in der Metaphorik wären. Sie hatten eine Software, das war der Teig in dieser Rolle, und Sie brauchten eine Hardware, nämlich einen Backofen, damit das überhaupt was wurde. In der Pfanne ging das schlecht. Aber ohne Ihre Hilfe wäre das Brötchen nie ein wirkliches Brötchen geworden. Offenbar macht uns nichts glücklicher als die Tatsache, dass wir etwas alleine geschafft haben.

Parallel zum Backhörnchen invasionierten uns die Schweden mit ihren Möbelhäusern. Von da an war klar: Möbel bestehen aus Brettern, Schrauben und Inbusschlüsseln. Die gibt es gar nicht »am Stück«. Das ist Produktentwicklung am Kunden. Wussten Sie übrigens, dass die Nord-Amerikaner die Möbel des skandinavischen Herstel-

lers nicht selbst aufbauen müssen? Die wählen nur aus.
Denen wird die Bestellung geliefert *und* sogar installiert.
Mag sein, dass er zu blöd dafür ist, der Amerikaner, aber
wer jemals einen Pax-Kleiderschrank zusammengezim-
mert hat, fühlt sich danach auch ziemlich blöd. Zumal
diese putzigen Figuren auf den »Beipackzetteln« oder
Gebrauchsanweisungen aussehen wie Comic-Helden, die
das angeblich ganz alleine schaffen, während wir die ganze
Familie und alle Nachbarn zusammengetrommelt haben,
damit uns die dämlichen Bretter nicht alle auf den Kopf
stürzen! Ich bin auch felsenfest davon überzeugt, dass die
Serie der geplanten und durchgeführten Attentate auf die
Niederlassungen dieser schwedischen Möbelhäuser keinen
terroristischen Hintergrund hat. Das ist die Rache des kleinen Mannes, dem ein Pax-Schrank auf den Kopf gefallen
ist![31]

---

31 Der Ehrlichkeit halber muss gesagt werden, dass es sich beim
   Halbfertigprodukt eigentlich um einen ordentlichen entwick-
   lungsgeschichtlichen Schritt handelt, denn mit der Entwicklung
   der Menschheit ist praktisch jedes Produkt etwas halbfertiger
   geworden als das vorausgegangene. Manche Produkte waren
   aber leider auch nur *viertelfertig*, wenn wir an die ersten Flugver-
   suche des Menschen denken. Zum Glück holen sich jedoch
   meistens andere die blauen Flecken, bevor wir die Ware auf den
   Tisch bekommen oder in den Pauschalurlaub fliegen – es sei
   denn, ein neuer Paxschrank kommt auf den Markt, und ausgerechnet wir kaufen diesen als erste.

Kannst du, musst du aber nicht!

Bleiben wir einen Moment bei diesen blonden Skandinaviern, die dir mit ihrem breiten Grinsen ständig suggerieren:»Na, du Blödmann?« Auch bei mir kam sie, die Stunde, in der ich ins wahre Leben hinaus musste. Okay, es war ein großer Fehler, aber ich möchte keinen Kommentar dazu hören. Ich tue das ja auch nie wieder, an einem Samstagmorgen zu Ikea zu fahren.

Jedenfalls habe ich dort meinen unumgänglichen Einkauf erledigt, immer den Pfeilen auf dem Fußboden folgend, bis ich endlich mit meinem überfüllten Wagen an der Kasse ankam. Und was sah ich dort? Eine Schlange von hier, wo Sie gerade liegen oder sitzen, bis Duisburg. Und dann zeigte mir ein freundlicher, blau-gelber Wikinger andere Kassen und sagte: »Hier kannst du selber scannen und bezahlen.«

Hhm, dachte ich, das kannst du ja mal probieren. Konnte ich aber in Wirklichkeit nicht. Da lag so eine

Scanner-Pistole, die war an sich noch sexy. Aber dann hab ich die auf das Produkt gehalten, weil das Rote auf dem Display grün werden sollte, doch das klappte erst nicht, bis es plötzlich gar nicht mehr aufhörte zu scannen! Auf einmal leuchtete die Zahl »65« hell auf und ich dachte: Das kann doch nicht sein, dass ich jedes Teelicht einzeln bezahlen muss!

Daraufhin habe ich das wieder gelöscht, was die Schlange hinter mir tierisch wütend gemacht hat. Dann habe ich probeweise mal die Sachen von ein paar anderen Leuten abgescannt, bis ich einen Preis hatte, den ich bereit war zu bezahlen. Immerhin fummelte ich ja schon eine halbe Stunde da rum. Da hatte ich mir einen kleinen Rabatt eingerechnet.

Zum Zahlvorgang wollen sie *deine* Scheckkarte. Und stellen Sie sich mal vor: Ich schieb die rein und was ist? Karte kann nicht gelesen werden! Denke ich: Was machst du denn jetzt? Die bringen dich hier wirklich in eine schwierige Situation. Auch unter philosophischen Aspekten: Kaufst du noch oder klaust du schon?

Aber an dem Punkt bin ich einfach gegangen. Ja, da hätten Sie diese freundlichen Knäckebrotfritzen mal sehen sollen! Da war nix mehr mit Schweden-Freundschaft und kumpelhaftem Du! Die haben mir da eine richtige Szene gemacht! Bis ich sagte: So, jetzt passt aber mal auf. Jetzt kommt ihr mal alle her, ihr Schweden. Jetzt lernt ihr mal ›richtigem‹ Deutsch. *Hier kannst du selber scannen und bezahlen.* Ich sage euch mal eines: *Können* im Deutschen heißt nicht zwangsläufig *müssen.* Das Können beinhaltet eine Möglichkeit, deren Erfüllung auch gar nicht überall erwünscht ist. Zum Beispiel in dem schönen deutschen Satz, den ich Euch jetzt nicht persönlich, sondern nur beispielhaft sage: Du kannst mich mal! Und? Kapiert? Richtig! Das wollen Sie gar nicht! Auch wenn ich es Ihnen angeboten habe!

Fazit: Scheinbar können wir alles selbst machen: banking, backing, bauing, scanning und bezahling. Dabei vergessen wir, dass wir das tun *müssen,* sonst gibt es weder ein Produkt noch eine Belohnung. In Berlin hat übrigens ein Grab-Discounter eröffnet. Sie ahnen es schon. Da dürfen oder müssen Sie Ihr Grab selber schaufeln.

Kurz gesagt, früher handelte es sich um eine Arbeitsteilung, die von Handwerkern aus Zünften erledigt wurde, die ihre Aufgabe kannten und diese Aufgabe auch wirklich konnten. Heute haben wir die Situation, dass die Arbeit *verteilt* wird. Wir alle müssen irgendwo ein bisschen mithelfen, auch bei Dingen, von denen wir keine Ahnung haben. Die Arbeit ist ja da. Die muss erledigt werden. Aber nach Möglichkeit muss man jemanden finden, der sie macht und jemanden finden, der sie bezahlt. Und wenn es irgendwie geht, sollte man diese Person nicht selber sein.

Wenn wir also die Arbeit von anderen Leuten machen, dann, weil uns nicht klar ist, dass das die Arbeit von anderen Leuten ist. Wir ignorieren die Tatsache, dass wir eigentlich schon für die Ware oder die Leistung bezahlt haben und jetzt noch einmal dafür mit unserer Zeit bezahlen. So viel haben wir ja auch heutzutage nicht mehr zu tun, weil wir unsere Pommes frites ja nicht mehr selber schnitzen müssen, seit sie als »Halbfertigprodukt« angeliefert werden.

»Darf es ein bisschen mehr sein?« Das haben sie früher in der Metzgerei gefragt. Heute agiert man dort raffinierter. Da sagt die Metzgerin: »Nehmen Sie 100 Gramm von der Fleischwurst, kriegen Sie 100 Gramm von der Blutwurst dazu.« Das nennt man Kompensationsgeschäfte. Oder beim Bäcker genauso. Ich sage: »Ich hätte gerne vier Brötchen.« Sagt der Bäcker: »Nehmen Sie fünf, ist billiger.«

Das probieren die sogar bei Winterreifen. So, jetzt frage ich Sie aber mal im Ernst: Was wollen Sie mit einem fünften Winterreifen? Ich also eilends ins Internet und habe eine Fünfte-Winterreifen-Verwertungsgemeinschaft gegründet. Vier Leute verkaufen einem Fünften den überflüssigen Reifen. Da hat sich sogar ein Kunde gemeldet, aber das Geschäft hat nicht funktioniert. Denn der Typ hat mich allen Ernstes gefragt: »Wo ist denn der Fünfte?«

Wir sind nicht glücklich, wenn wir nicht etwas mehr für etwas weniger bekommen. Sonst fühlen wir uns betrogen.

Helfen Sie mit! USBkistan braucht SMS!

Am meisten kriegt man ja dazu, was man gar nicht haben möchte. Bei der Auswahl des für Sie geeigneten Handytarifes, haben Sie dafür recherchiert, und weil Sie das Ganze analog regeln wollten, haben Sie tatsächlich auch Ihren Handy-Shop aufgesucht, mit so einem Typen zwei Tage darüber debattiert und noch mal fünf Prospekte durchgelesen. Also die Sache scheint zu laufen, doch in letzter Sekunde, bevor Sie den Vertrag unterschreiben, sagt der Verkäufer auf einmal: Und dann kriegen Sie noch 30 Frei-SMS nach Usbekistan dazu. Jetzt haben Sie aber nicht so richtig viele Freunde in Usbekistan. Vielleicht nutzen Sie ja auch Skype für die wenigen Freunde in Usbekistan und brauchen die SMS gar nicht. Deshalb sagen Sie: »Nee, lassen Sie die einfach weg.«

»Nein«, sagt der Typ, »das ist in dem Vertrag drin und das kostet Sie ja nichts. Die sind ja so dabei.« Dann kommt die erste Rechnung und was ist? Was ist berechnet? 30 »Frei«-SMS. Stinksauer rennst du wieder in den Laden und hältst dem den Zettel hin: »Gucken Sie mal, was da steht: die 30 Frei-SMS nach Usbekistan wurden berechnet.«

»Ja«, sagt der, »lesen Sie doch mal die Rückseite von dem Blatt. Vorne haben wir die Ihnen berechnet und hinten haben wir Ihnen die wieder abgezogen.«

»Warum denn?«

»Das ist im System so vorgesehen.«

»Aha,« sage ich, »ich muss also etwas kaufen, was ich gar nicht haben möchte, das Sie dann vorne berechnen, damit Sie's hinten wieder abziehen können, denn in Ihrem System ist vorgesehen, dass der Kunde das so machen muss, weil ich sonst das, was ich eigentlich gewollt hätte, nicht bekommen hätte.«

Und dann denkt der kurz nach und sagt: »Ja!«

Wenn Sie mich jetzt fragen, warum wir nur dieses ungeheuer komplizierte Deutsch haben, dann sage ich es Ihnen: Damit man die Komplikationen beim Erwerb eines Handytarifs sprachlich korrekt ausdrücken kann.

Da will man doch dem Telefonverkäufer automatisch auf die Nase hauen! Okay, ich nehme das zurück. Das tun wir ja nicht mehr. Echte Aggression ist in unserem Leben nicht mehr vorgesehen. Und so steht man achselzuckend mit seinen Gefühlen auf dem Trottoir. Allein. Mit seinen 30 Frei-SMS, die berechnet und dann wieder abgezogen werden. Warum ist man dabei so sauer? Weil wir nicht gerne Teil des Systems sind. Weil wir gerne individuell sind. Wir wären gerne Individualisten. Das haben wir im 20. Jahrhundert gelernt, das war unsere große Errungenschaft. Dass wir persönlich bedeutend sind. Stichwort Demokratie, meine Stimme zählt. Das haben sie uns so beigebracht und das hat uns eigentlich total gut gefallen.

Wir wissen, dass wir in der digitalen Welt dagegen aus Nullen und Einsen bestehen. Gut, das wissen wir schon lange, dass wir von Nullen umgeben sind. Aber wir möchten gerne die Eins sein. Und wenn man Ihnen dann sagt, Sie sind einfach nur Teil einer Masse von Leuten, die sich in einer Eingabemaske vom Reiseveranstalter falsch verhält, dann haben Sie das nicht gern. Wir sind nicht gerne Teil einer Masse. Da sind wir beleidigt.

Ich sage es mal an einem konkreteren Beispiel: Ein Stau. Sind Sie gerne im Stau? Wenige sind gerne im Stau. Die meisten nicht. Neulich stand ich in so einem Stau und kroch, also ich hatte die Tür aufgemacht und stieß das Auto mit dem Fuß an. Dort hatte ich eine Erkenntnis, die mir nicht gefallen hat. Ich komme da unter so einer Brücke durch, da hatte jemand an die Wand geschmiert: »Du stehst nicht im Stau, du bist der Stau!«

Das war richtig. Das war eine tiefe Erkenntnis. Ich kann aber nicht sagen, dass sich meine Laune gebessert hätte.

Weil es wieder diesen demütigenden Teil hat. Du bist gefangen, gefesselt, du bist auf einmal eine von den Nullen,
die da im Stau stehen. Und irgend so ein Fuzzi ist mit seiner Spraydose unter die Brücke und hat das an die Wand
geschmiert, ist die Böschung wieder hoch und mit dem
Moped fort. Und du kriegst den nicht mal, um den zu
hauen, um dem zu sagen: »Das wollte ich so in der Form
nicht wissen!«

Wenn man in so einem Stau steht oder schleicht oder
kriecht, dann kommen auch diese Gefühle und man will
wissen, warum da jetzt dieser Stau war. Und man nimmt
sich fest vor, wenn wir jetzt rausfinden, was da eigentlich
los ist und wir sehen, was da wieder für ein holländischer
Blumenlaster seinen Anhänger in den Graben gesetzt hat,
wenn wir dann angelangt sind an der Stelle, möchten wir
dem gerne 1 auf die 12 geben, dieser 0. Aber das geht nicht!
Weil sich der Stau auf einmal auflöst. Da war nix. Das war
ein Phantom-Stau. Du hast da eine Stunde deines Lebens
in etwas verbracht, was es gar nicht gab. Das ist doch im
Grunde eine reale virtuelle Erfahrung.

Doch das hat mir keine Ruhe gelassen. Ich habe dann
beim ADAC angerufen, in München, und die waren sehr
hilfsbereit. Frage ich die freundliche Dame, wie Staus
eigentlich entstehen.

»Also wenn nix ist, also kein Unfall, dann ist es wahrscheinlich so: Irgendjemand hat an seinem Handy rum-
gefingert, dann schlirrt der über drei Spuren, dahinter er-

schrecken sich drei und bremsen, dahinter bremsen noch fünf blöd, und auf einmal kommt ein Lehrer und macht die Warnblinkanlage an.«

»Was sind das denn für Leute, die so etwas machen?«, frage ich weiter. »Das sind doch ganz gemeine sadistische Charaktere!«

»Nein«, sagt die, »die wissen doch gar nix davon. Der fährt doch nach vorne. Der merkt doch nix von dem, was er anrichtet. Für den läuft's ja, nach vorne betrachtet, ganz gut.«

Da hatte ich mir überlegt, dass ich ja auch mal so einen Stau verursachen könnte. Also irgendwie blöd über drei Spuren schlirren, das könnte ich bestimmt auch. Aber davon habe ich ja nix. Und dann bin ich weiter gegangen in meinen Gedanken. Ich könnte es ja ein bisschen sorgfältiger planen – verstehen Sie? Ich könnte mal prüfen, wann mein Handyverkäufer Feierabend hat und welche Autobahnauffahrt der normalerweise so nimmt. Und dann fahr ich fünf Minuten vor ihm drauf, dann brems ich blöd, schlirr über drei Spuren, fahr am nächsten Kreuz raus, auf der Gegenfahrbahn zurück und dann! Dann winke ich ihm ganz entspannt zu.

Wieso kommt man auf derartig bescheuerte Ideen, die unserem kulturellen Standard und der persönlichen Reife überhaupt nicht entsprechen? Weil im Umgang mit diesen digitalen Medien keine Möglichkeiten zum Aggressionsabbau vorgesehen sind. Vermutlich weil wir im Begriff sind, uns selbst ins Digitale zu transzendieren – und in einer virtuellen Welt kann man sich einfach schlecht vermöbeln. Da können wir uns nur noch »anstupsen«, wie bei Facebook.

Wir schmieren uns mal ein virtuelles Schnittchen

Frage: Darfst du im Wirklichen Leben mal eben auf deinem Schreibtisch ablegen, was du möchtest? Antwort: Ja.

Frage: Auch ein Butterbrot? Antwort: Ja.

Frage: Darfst du mal eben auf deinem Desktop ablegen, was du möchtest? Antwort: eventuell ja, vielleicht auch nein, es hängt davon ab, was es genau ist und ob in der Software eine Lösung für den Wunsch, den du hattest, vorgesehen ist und wenn, ja, wo.

Beschwert man sich bei den Herstellern von Software über die Unzulänglichkeit eines Programms und gelingt es tatsächlich, nach Stunden am Telefon und emsiger Hotlinerei mit einem wahren Menschen am anderen Ende der Leitung zu sprechen, macht der einem rasch klar, dass der Fehler nicht bei der Software im Computer zu suchen ist, sondern in der Software auf der biologischen Festplatte des Anrufers.

Offenbar ist der Anrufer nicht der intuitiven Benutzerführung des Menus gefolgt. Er hat nicht das getan, was normalerweise »alle« tun, genauer ausgedrückt, was normalerweise alle Programmierer tun. Programmierer, davon muss man ausgehen, sind die normalsten Menschen der Welt, die unabhängig von Gefühlen immer die nahe liegende Lösung finden. Und zwar für ihre Programme, nicht für die Probleme der Anwender. Programmierer sind, salopp gesagt, ziemliche Einfaltspinsel. Dies ist nicht abwertend gemeint, sondern berufsqualifizierend.

Um zu verstehen, wie Programmierer denken, bleiben wir beim Butterbrot. In der realen Welt bewahren wir unser Brot im Brotkasten auf, die Butter im Butterfach und die Wurst im Kühlschrank.

Wenn wir uns nun aber ein Butterbrot im Cyberspace belegen möchten, stellen wir rasch fest, dass wir an diesen Orten (Brotkasten, Butterfach, Kühlschrank) nicht die entsprechenden Zutaten finden. Nach einiger Sucherei stellt sich heraus: das Brot liegt in einem geöffneten Fernster, die Butter im Tiefkühlfach und die Wurst hängt in der Garage. Wenn man das alles gelernt hat, kann man sich prima ein virtuelles Schnittchen schmieren.

Falls wir nun aber die Frage stellen: Warum um Himmels willen hängt die Wurst in der Garage? Dann ist die Antwort: Dies hängt mit dem kulturellen Hintergrund der Programmierer zusammen. Vielleicht kommt der Programmierer aus Alaska. Da kommt die Wurst immer in die Garage. Wegen der Waschbären! Oder der Programmierer kommt aus Indien. Die kennen gar keine Wurst. Zumindest keinen klassischen Bierschinken. Im schlimmsten Fall ist der Programmierer ein stinknormaler Messi, der sowieso nicht weiß, wo er etwas hingelegt hat.

Denn ein Computer ist groß. Eigentlich ist er klein, aber innen drin, da ist er soooo groß. Je tiefer man reingeht, desto größer wird er und umso mehr Orte gibt es, an denen man ein Würstchen verstecken kann, falls der Programmierer Vegetarier ist.

Pin, Pucky & Tan
Die drei Passwort-Freunde

Niemand darf Ihre Pin-Nummer erfahren, aber einer
muss sie doch kennen! Wie Sie sich merken,
wo Sie was hinschreiben und wem Sie sich noch
anvertrauen dürfen.

Für alles und jedes benötigt man heute ein Passwort,
eine PIN, eine Geheimzahl, ein persönliches Kennwort, eine einfache 32-stellige Zugangsberechtigung
oder eine individuelle Buchstaben-Zahlen-*Identifikation*.
Natürlich ist jeder in der Lage, sich all diese Codes pro-
blemlos zu merken und auf der biologischen Festplatte,
früher bekannt als Gehirn, zu speichern. Oder?

Pfiffige Leute sagen: Ich habe ein Passwort für alles. Ja,
es gab einmal ein Passwort, mit dem konnte man alle
Türen der Welt öffnen. Es hieß »Bitte«. Wenn man heute
als Kennwort »Bitte« einsetzt, wird das zurückgewiesen.
Das ist nicht sicher genug! Da muss man schon schreiben

»BitteBitte Schrägstrich Kreuzchen Kreuzchen Schräg-strich Kreuzchen Bitte«, also: »bittebitte/++/+bitte«. Man muss auf digitalen Knien rutschen, nur dafür, dass das Passwort akzeptiert wird! Aus Sicherheitsgründen.

Der TV-Kühlschrank

Wenn früher der Fernseher gewackelt hat, hast du einmal draufgehauen, dann lief der wieder. Heute schnappt der ein, fährt erst mal runter und fragt dich empört, ob er wirklich dir gehört! Und ob du zufällig die 20-stellige WAP-Nummer parat hast. Neulich hat mir mein eigener Kühlschrank den Weißwein verwei-gert. Ich wusste nicht mehr, ob es »BitteBitte Schräg-strich Kreuzchen Kreuzchen Schrägstrich Kreuzchen Bitte« war oder »Kreuzchen Schrägstrich bittebitte«. Na gut, es war auch die zweite Flasche ...

Am Ende geht es ums Geld. Der Mensch befasst sich seit langer Zeit mit den folgenden zwei Fragen:

Wie kommen wir an Geld?
Und wie verhindern wir, dass es wieder verschwindet?

Der klassische Weg an Geld zu kommen, ist Arbeit in Form irgendeiner Wertschöpfung oder Dienstleistung, wofür für man mehr und meistens weniger Geld erhält. Doch kaum ist es da, ist auch schon ein Teil davon wieder fort.

Bei einem gewissen kulturellen Entwicklungsstand gehört es zum guten Ton, Steuern zu zahlen sowie unfreiwillige Mitgliedsbeiträge und Gebühren oder Strafen zu entrichten. Staatliche und semistaatliche Einrichtungen sind sehr pfiffig im Erfinden solcher Abgaben und indem sie den Blick auf Möglichkeiten lenken, auf die man selber gar nicht gekommen wäre. Z.B. in Lexington, Kentucky, ist es illegal, Eiscremehörnchen in der Hosentasche zu transportieren und wird hart bestraft. Hierzulande gibt es ähnlich schmierige, wenngleich weniger lustige Beispiele: Anwohnerparkausweis ohne Anrecht auf einen Parkplatz, die Schufa, Flensburg oder die Sektsteuer.[32]

Dies leitet über zum privatwirtschaftlichen Aspekt: Das klassische, erlaubte Verfahren, andere zu berauben, besteht darin, das man bei Menschen Verlangen weckt und behauptet, dass man es nur durch spezielle Verfahren oder bestimmte Produkte befriedigen könne – vor allen Dingen durch das Versprechen, dass man Erfüllung empfinde, wenn man die Ware kaufe.

---

32 In manchen Supermärkten wird Sekt für einen Preis verkauft, der liegt unter der Sektsteuer! Die machen das zur Kundenbindung. Der Kunde gehört dann zur Schnäppchen-Macher-Sekte.

Das wenige Geld, welches danach übrig blieb, hat man lange Zeit durch Festungen, Tresore, Safes, Burgen, Fort Knox geschützt und, ja, auch durch Banken.

Parallel dazu gab es schon immer einen Wettbewerb: Jeder, der Geld hat, versucht es zu schützen. Die Verbrecher versuchen, es zu bekommen. Das ist der Sport. Es gab immer schon einen Wettlauf zwischen der Sicherung von Gütern auf der einen Seite und krimineller Energien auf der anderen Seite, diese Sicherungen mit Originalität und Einfallsreichtum zu überwinden, zum Beispiel das Rififi-Prinzip.

Wenn der Dieb früher durch den Keller gekommen ist oder durch die Wand, dann kam er ab einem bestimmten Zeitpunkt durch die Decke. Rififi: Das war eine kriminelle Innovation. Danach wurden die Decken gesichert und der Boden auch und der ganze Raum mit Lichtschranken versehen und schließlich mussten Tom Cruise oder Brad Pitt mit dem Kopf nach unten an einem dünnen Fädchen durch einen Lichtschacht nach unten gelassen werden. Was im Grunde genommen nichts anderes als eine moderne und Hightech verfeinerte Rififi-Variante ist. Aber darauf wurde schon mehrmals genug hingewiesen: Es gibt nichts Neues unter der Sonne, aber viele neue Varianten im Detail.

Halten wir als Ergebnis dieser Betrachtung fest: In grauer Vorzeit waren das Erwerben von Geld und das Stehlen von Geld getrennte Prozesse. Kommen wir nun zu dem, was wirklich neu ist: Wir sind in unserer bloßen Existenz mit den Daten, die unser Leben ausmachen, ein Teil dieser Waren geworden, die man verkaufen oder stehlen kann. Ja, jeder von uns ist Gold wert! Denn wir sind nicht nur als Käufer mit unserem Geld und unseren Verbrauchsgewohnheiten für ein einzelnes Produkt interessant, sondern zudem über die zahllosen Verwertungsverknüpfungen, die sich daraus ergeben:

Zum Beispiel: Ich bin eine Person, der man verkaufen kann a) Bier, b) Rosenkränze und c) Schlittschuhe. Das sind die Produkte. Interessant ist nun, dass die Daten, die ich dadurch liefere, einen weiteren Verwertungszusammenhang erschließen. Ob ich also eventuell eine Brauerei besichtigen möchte, nach Lourdes fahren würde, oder eine Eislaufbahn besuche, die von einem Solarenergiehersteller betrieben wird. Falls ich das alles tue, ist der Nährboden für weitere algorithmische Vermutungen bereitet. Wenn es sich also bei mir um eine bierliebende, katholische Schlittschuhläuferin handelt, die nur auf ökologisch korrekt gefertigtem Eis ihre Runden dreht, interessiere ich mich vielleicht auch für die Rettung des Regenwaldes, ökologisch korrekte Anlageprodukte und die Mitgliedschaft bei den Pfadfindern.[33] Mit jeder noch so geringen Information liefern wir Futter für die gierigen Robots der Suchmaschinen, die jedes Detail fressen, um es in einen möglichen weiteren Verwertungszusammenhang einzufügen. In landwirtschaftlichen Kreisen gab es einmal einen Scherz, wie das ideale Produkt auszusehen habe: Eine »eierlegende Wollmilchsau«. Aber dieses Produkt gibt es wirklich! Es ist der Mensch mit all seinen Daten. Und um diese Daten kann man ihn berauben.

Andere Menschen machen sich Gedanken darüber, dass die Orwellsche Vision eines Überwachungsstaates längst Wirklichkeit geworden ist, nur ohne Staat. Wir sind alle »im System« unserer Payback-Karten und Bonusprämien, ganz zu schweigen von der IP des eigenen Computers. Manchen Leuten ist es aber einfach auch nur lästig, wenn sie ständig Werbung per E-Mail bekommen, in denen ihnen eine Penisvergrößerung angeboten wird, nur weil sie sich mal im Internet über die Vergrößerung ihres Auspuffs informiert haben. Vor allem Frauen können mit solchen Mails wenig anfangen.

Wir halten fest: Nicht nur der »Kunde«, der sein selbst verdientes Geld für irgendetwas ausgibt, steht heute im Interesse der Aufmerksamkeit, sondern der Mensch in all seinen Facetten, Geschmacksrichtungen und Wertorientierungen. Das ist sein Besitz und jedes Teil davon muss er

---

33 Hier wurde ein relativ harmloses Beispiel gewählt. Aber geben Sie doch mal ein: Pump-Gun, Taubenschlag und Spritz-Boy. Sie können sich selbst ausrechnen, in welche militant-erotischen Zusammenhänge Sie da geraten. Dabei möchten Sie nur herausfinden, ob Sie die Tauben auf Ihrem Balkon mit einer Wasserpistole wegkriegen oder ob Sie den Hochdruckkompressor der Firma Boy benötigen.

mit einem wie auch immer gearteten Passwort sichern. Wir tragen einen riesigen digitalen Schlüsselbund mit uns herum.

Den »Großen« geht es übrigens nicht besser. Alle nase-lang hört oder liest man eine Meldung, wonach bei Face-book, Sony und Apple Sicherheitslücken entdeckt worden seien. Die Bundesregierung hat kürzlich ein Cyber-Ab-wehrzentrum eingerichtet, die Ordnungshüter verlangen schon lange nach einer Cyber-Polizei. Wenn wir Pech ha-ben, nur um herauszufinden, ob jemand, der mit Google Earth virtuell in Lexington, Kentucky, unterwegs ist, viel-leicht ein Eiscremehörnchen in der Hosentasche hat.

Alle, die Daten besitzen, versuchen aus unterschiedli-chen Motiven einen Missbrauch von Daten im Einzelnen oder von Geld im Allgemeinen zu verhindern, nämlich durch Pins und Puks und Tans und andere Verschlüsse-lungen. Diese Codes sind natürlich geheim. Das führt zu einer kleinen Kuriosität: Das, was geheim ist, können wir, seit es das Internet gibt, vergessen. Das heißt, als Heimlich-tuer musst du dich heute schon richtig ins Zeug legen. Bevor du deine Geliebte besuchst, solltest du vorher dein iPhone in einer Bar hinter die Theke legen, wo du öfter verkehrst – und zwar zum Trinken.

Natürlich darf man seine ganzen Codes und Nummern nirgendwo hinschreiben. Ein Dieb könnte sie, egal ob ana-log oder digital, finden und virtuell die Bank überfallen. Das geht natürlich nicht, denn jetzt kommt das Wichtigste:

Es gibt eine einzige Instanz, die nie etwas schuld sein darf, und das ist die Bank.

Im Klartext: Die zahllosen Codierungstechniken der Banken und Sparkassen dienen auch dazu, den Verbraucher zu schützen, vor allem aber dienen sie dazu, die Geldhäuser von möglichen Ansprüchen des Verbrauchers freizustellen. Hier gilt das gute alte Verursacherprinzip. Und zwar nicht, wer den Schaden verursacht hat, also zum Beispiel der Dieb muss haften, denn den kriegt man ja im Zweifelsfall nicht, sondern derjenige, der dafür gesorgt hat, dass der Dieb eine Möglichkeit hatte.

Deswegen werden inzwischen Verschlüsselungen von Verschlüsselungen von Verschlüsselungen angeboten – so kann man zum Beispiel seinen Computer nur mit einem Passwort öffnen und den »Tresor« in seinem Computer, in dem man das Passwort aufbewahrt, wiederum mit einem weiteren Schlüssel. Ein abendfüllendes Programm, gegen das der Weg zum Bankschalter ein kleiner Spaziergang war. Die heute häufig zu beobachtenden Versuche, Anwendungen durch mehrere Schutzzonen zu sichern, ähneln dem Schutz der Armlehne von Opas Ohrensessel durch das Überdeckchen vom Überdeckchen vom Überdeckchen. Wir befinden uns eigentlich in so einer Art digitalem Biedermeier.

Dieses Gebot »Du darfst mit niemandem über Dein Passwort sprechen!« oder »Unsere Mitarbeiter werden Sie nie nach Ihrer Pin fragen!«, wirft natürlich die Frage auf:

Wer kennt das Passwort überhaupt noch – außer uns, sofern wir es nicht vergessen haben. Das System? Und was ist das überhaupt? Auf jeden Fall ist das System nicht der Staat. Man weiß es nicht so genau, wer hinter dem System steckt, aber wenn Sie Ihr Passwort mal vergessen haben, kriegen Sie ja – dem Himmel sei Dank – umgehend ein neues zugesandt. An Ihre E-Mail-Adresse. Und dort können Sie es abrufen. Vorausgesetzt, Sie haben das Passwort für Ihren E-Mail-Account nicht vergessen.

▶ WLAN-SINNS-TIPPS!

Diverse EDV-Spezialisten wurden neulich mit folgender Sicherheitseinstellung in den Wahnsinn getrieben: Man schreibt seinen Namen auf das Benutzerkonto und im Feld für das Codewort trägt man gar nix ein und drückt dann auf »ok«. Also kein Passwort als Zugang zu vielleicht mäßig sicheren Bereichen ist schon mal eine schöne Schwelle. Vielleicht verhalten sich Kriminelle im Internet ähnlich wie Diebe am Wohnzimmerfenster. Die Kriminalpolizei sagt, wenn es länger als eine Minute dauert, um reinzukommen, dann geht der Dieb weiter. Wenn es länger als eine Stunde dauert, ein Passwort zu knacken, das gar nicht eingerichtet ist, hat man vielleicht auch Glück gehabt.

PIN, PUCKY & TAN

Ihre wirklich wichtigen Passworte und Zugangs-
berechtigungen können Sie natürlich auswendig lernen und wenn Sie das schaffen, können Sie sehr
stolz auf Ihre biologische Festplatte sein!

Sie können sie auch analog notieren und außer
Haus aufbewahren – zum Beispiel bei der Oma im
Telefonbuch im Altenheim. Nebeneffekt: Sie haben
sich mit ihr auf diese Weise immer etwas Wichtiges
zu erzählen. Da muss ja erst mal einer draufkom-
men, dass die Oma Ihr »Schatzwächter« ist.

Wenn Sie sich wirklich für Penisvergrößerung interessieren und sich erst einmal unverbindlich informieren wollen, gibt es zwei Möglichkeiten: entweder
Sie gehen in ein Internet-Café oder Sie recherchieren von einem Spam-geschützten Computer aus,
zum Beispiel am Arbeitsplatz und suchen sich stundenlang den günstigsten Anbieter heraus. Aber tun
Sie das auf keinen Fall von zu Hause aus!

A la Carte

Eine schöne Erfindung sind Geldautomaten. An sich eine tolle Sache. Plastik rein, Geld raus. Super Ding! Lange Zeit habe ich ja gedacht, in diesen Automaten hätte man die Angestellten der Sparkasse eingesperrt, die frech zum Chef waren. Heute weiß ich, dass die Angestellten nicht im Automaten sitzen, sondern beim Arbeitsamt auf dem Flur!

Aber wer kennt sie nicht, diese Demütigung, wenn die Karte mal nicht gelesen werden kann?! Du weißt, dass das Konto über Guthaben verfügt, aber du kriegst keine Kohle, weil die Karte defekt ist. Und was machst du, wenn dir der Automat das Ding einfach wieder ausspuckt? Du nimmst es aus dem Schlitz, drehst es um, hauchst es an, reibst es an der Jeans, hauchst es wieder an, steckst es wieder rein – und hoffst, dass dich dabei niemand beobachtet hat. Doch wieder: »Die Karte kann nicht gelesen werden!« Man ist ja heilfroh, dass das nur auf dem

Display steht! Nicht auszudenken, wie blamabel es wäre, wenn dir eine Stimme aus dem Automaten zuraunen würde: »Bitte kontaktieren Sie Ihren Bankberater und bringen Sie zu diesem Termin einen gültigen Arbeitsvertrag sowie die Gehaltsnachweise der letzten drei Monate mit!«

In so einer Situation gehe ich für gewöhnlich genervt in die Bank rein und hole mir einen Sachbearbeiter. Ein oder zwei sind ja in der Regel immer noch da. Dem sage ich dann ungeduldig: »Zieh dir mal 'nen Anorak an, ich muss dir was zeigen.« Doch auch er steckt die Karte rein, um die Information zu erhalten: »Die Karte kann nicht gelesen werden.« Dann nimmt der die Karte in die Hand. Und was macht er damit? Er dreht sie um, haucht sie an, reibt sie an seiner Anzugshose, haucht sie noch mal an, reibt – vielleicht an einer anderen Stelle – schiebt sie wieder rein und erklärt mir: »Die Karte kann nicht gelesen werden.«

Jetzt sage ich Ihnen mal was: Wenn die nicht lesen können, dann sollen die in diese Bankautomaten auch keine Analphabeten stecken, sondern die vom Flur aus dem Arbeitsamt! So!

Fahren Sie dieses Buch nun herunter

In diesem Buch wurden viele Fenster geöffnet. Jetzt werden wir diese hier schließen. Wir sind von einem Gefühl ausgegangen, von einer gewissen Selbstwahrnehmung des Unwohlseins, einer Unzulänglichkeit gegenüber der modernen Welt, dem Gefühl in einer wie auch immer gearteten Zukunft vor lauter Reizüberflutung nicht ganz mithalten zu können. Von einem Gefühl, das nicht sexy ist.

Wir haben eine Bestandsaufnahme gemacht, hinsichtlich der Dinge, die wir zu lernen und begreifen haben. Das Erlernen neuer Fähigkeiten und Sprachen wie Twummeln und Fummeln, die Veränderungen in körperlichen Wahrnehmungen und Entwicklungen in Bezug auf unsere fünf Sinne sowie schließlich die Neuformatierung unserer Werte und Verhaltensmuster hinsichtlich Mobilität, Beschleunigung, Intimität.

Wir haben erläutert, dass der Motor der menschlichen Entwicklung Kommunikation ist, war und sein wird.

Dass der Erfolg sozialer Netzwerke unter anderem darauf beruht, diesen Motor mit mehr Leistung für Mobilität, Beschleunigung und Intimität ausgestattet zu haben.

Wir haben am Beispiel von Arbeit und Gegenleistung beschrieben, wie sich die Produkte, die unser Leben ausmachen, verändert haben und was sich mit der Veränderung der Produkte wiederum für unser Leben verändert hat. Wie aus der Arbeitsteilung eine Arbeitsverteilung geworden ist. Wie der Mensch selbst mit seinen Daten ein Teil der Produkte geworden ist.

Zum Abschluss wiesen wir auf den ewigen Wettkampf zwischen Gut und Böse hin, am Beispiel der Pins und Passworte, dessen Resultat ein digitales Biedermeier ist, in dem nicht sein darf, was nicht sein soll.

ABER wir haben schon früh auf das Instrument hingewiesen, mit der jeder von uns sein U-Boot durch den endlosen Ozean der digitalen Möglichkeiten steuern kann: Mit Hilfe des WLan-Sinns, der eine moderne Form des gesunden Menschenverstandes ist, so wie E-Mail eine moderne Form von Post.

Die Betonung liegt dabei auf »Verstand«. Ohne Verstand kommen wir in der digitalen Welt nicht weiter. Die Idee ist offen gestanden nicht ganz neu. Vor mehr als 200 Jahren war sie unter dem Begriff »Aufklärung« populär.

Der Chefblogger seiner Zeit hieß Immanuel Kant. Er schreibt ein bisschen geschwollen, aber man kann es leichter verstehen als die Hilfe-Funktion in Outlook:

»Aufklärung ist der Ausgang des Menschen aus seiner selbst verschuldeten Unmündigkeit. Unmündigkeit ist das Unvermögen, sich seines Verstandes ohne Leitung eines anderen zu bedienen.«[34]

Im Wesentlichen geht es darum, dass es nicht richtig sein kann, Dinge als gegeben zu betrachten, bloß weil man sie nicht sofort versteht. Denn wenn wir die Welt nur danach einteilen, was wir sofort verstehen oder nicht, erschaudern wir vor jedem neuen Sonnenaufgang und glauben, dass der Medizinmann den Regen durch Tänze herbeiführen kann. Ein erfolgreicher Medizinmann tanzt aber nur dann, wenn aufgrund seiner sorgfältigen Naturbeobachtung die Wahrscheinlichkeit groß ist, dass es sowieso regnen wird.

Heute tanzen unsere Medizinmänner nicht mehr für Regen, sondern für angebliche Revolutionen: bei iPads, Prozessoren und Kommunikationsmethoden und nur wenn die Wahrscheinlichkeit groß ist, dass man das sowieso verkaufen kann. Die Technik wird immer raffinierter und die Teilhabe des Einzelnen daran wird immer geringer.

Wenn immer mehr Menschen immer weniger beurteilen, entscheiden und verantworten können, hat das Auswirkungen auf unsere soziale Gemeinschaft und die folgenden Generationen.

---

34 Quelle: Immanuel Kant: Beantwortung der Frage: Was ist Aufklärung. Königsberg 1784

Ein ungutes Zusammenspiel von modernen Medien, systemischen Arbeitszusammenhängen und Freizeit-Vergnügen irritiert Ausbilder, Erzieher und Eltern. Es wachsen realitätsferne Kinder heran, die keinesfalls dumm oder unsensibel sind, sondern die einfach nie die Konsequenz von realen und sozialen Handlungen erlebt haben, weil alles ja mit ein paar Mausklicks zu regeln zu sein scheint.

Der autoritären Vorgabe eines Spiels »Wenn du weiterkommen willst, dann musst du das und das machen« wird willig gefolgt, während ein Algorithmus wie: »aufstehen, Zähne putzen, anziehen, frühstücken, Tasche packen, zur Schule gehen« als Bevormundung empfunden wird.

Warum lassen wir uns das bieten? Auch hier hat Kant eine Antwort:

»Faulheit und Feigheit sind die Ursachen, warum ein großer Teil der Menschen … gerne zeitlebens unmündig bleiben, warum es anderen so leicht wird, sich zu deren Vormündern aufzuwerfen.«[35]

Dazu ein Beispiel: Frauen, deren Lebensziel doch angeblich darin besteht, in Schuhgeschäfte zu laufen, lassen sich per Internet und DHL Schuhe schicken. Wer läuft, ist der Mann, der die Retouren zur Post schleppen muss. Die Frau ist faul, der Mann ist feige.

---

35 Quelle: Immanuel Kant: Beantwortung der Frage: Was ist Aufklärung. Königsberg 1784

Schluss mit lustig. Der WLan-Sinn hat Methode. Der einfachste Befehl, den WLan-Sinn zu initialisieren ist das Wörtchen »Aber«. Fangen Sie doch mal eine eigene Google-Fragenliste an mit »Aber«:

- Aber warum muss ich ihre Schuhe wegbringen?
- Aber warum muss ich das Ladekabel zum Navi extra kaufen?
- Aber warum muss ich hier meinen Wohnort angeben?
- Aber warum muss ich meinem Sohn (6) Facebook erlauben?
- Aber warum muss ich meine App für 99 Cent mit der MasterCard bezahlen?

Vielleicht sind Sie mit ihren »Aber«-Fragen erst mal allein. Doch wenn selbst die Kannibalen ein Forum haben, wird die »Aber«-Fraktion auch eines bekommen.

Das ist vielleicht wirklich neu: Das wir unser Gefühl brauchen, um den Verstand zu benutzen. Wenn Sie bei einer Sache instinktiv ein ungutes Gefühl haben, folgen Sie dem durch den Verstand beherrschten WLan-Sinn. Sagen Sie an manchen Stellen nicht nur »aber«, sondern: »Nein«. Das ist ok. Damit müssen die anderen fertig werden.

Attachment: Privatleben, Kommerz und Politik

Sie haben ein Privatleben und es gehört Ihnen. Sie dürfen damit machen, was Sie wollen. Es ist ebenfalls unser Privileg, auf unserer biologischen Festplatte das zu speichern, was wir gut finden. Den »schönsten Augenblick für immer in Erinnerung zu behalten« ist nur deshalb unsexy, weil man dies nicht verkaufen kann.

Durch das Verteidigen Ihrer Privatsphäre sind Sie nicht automatisch gegen den Fortschritt im Allgemeinen, sondern gegen die Kommerzialisierung des Persönlichen. Diese Dinge müssen sorgfältig auseinander gehalten werden. Immer wieder wird man versuchen, Sie emotional unter Druck zu setzten, und behaupten, Sie wären nicht auf der Höhe der Zeit, nur weil Sie sich an bestimmten Dingen nicht beteiligen.

Das ist falsch! Sie sind fortschrittlich, weil Sie mit Ihrem Konsumverhalten oder gegebenenfalls Ihrer Konsumverweigerung eine Herausforderung sind für alle, die der seelenlosen Kommerzialisierung aller Persönlichkeitsbereiche oder Lebenszusammenhänge dienen.

Mit Ihrer Haltung sind Sie durchaus fortschrittlich, denn Sie haben das, was den modernen Menschen ausmacht: Sie haben ihr Geschirr beisammen. Immanuel wäre stolz auf Sie!

Wohin der Ausverkauf aller Persönlichkeitsbereiche einschließlich der Seele führt, haben die Finanzkrisen der jüngeren Zeit gezeigt. Sie sind die Folgen eines Finanzsystems, das nicht mehr auf Wertschöpfung angelegt ist, sondern auf Geldvermehrung. Bei Wertschöpfung kann man so etwas wie einen sachlichen »Sinn« entdecken, bei Geldvermehrung nichts anderes als etwas unkontrolliert emotionales, nämlich »Gier«.

Die Politik bemüht sich als Nothelfer in diesen Krisen, weil sie erkannt hat, dass das Problem nicht nur die »Reichen« betrifft, sondern weil die Konsequenzen für Otto Normalverbraucher vor der Tür stehen. Aber die Politik gestaltet nicht, sie dient. Um ein Wort des Kabarettisten Dieter Hildebrandt zu verwenden: »Politik hat den Gestaltungsraum, den die (Finanz-)Wirtschaft ihr lässt.«

Die Menschen merken das. Deshalb gehen sie immer weniger zu Wahlen. Stattdessen beschäftigen sie sich immer mehr mit der Auswahl digitaler Anwendungen.

Die soziale Wirklichkeit zeigt sich heute in Folgendem: Wenn der Fleiß, die Sorgfalt und die Zeit, die Menschen mit dem Bedienen elektrischer Geräte verbringen, wenn derselbe Aufwand verwendet würde für das Pflegen von tatsächlichen familiären oder freundschaftlichen Beziehungen, darunter mit kranken, behinderten oder in ihrer geistigen Entwicklung zurückgebliebenen Familienmitgliedern, gäbe es keine Probleme mit der Sozialversicherung.

Warum macht es keiner? Weil es nicht so viel Spaß macht, weil es nicht so populär ist und weil es nichts mit Pop-Kultur zu tun hat. Aber offensichtlich macht auch die Begegnung mit gesunden, fröhlichen und unterhaltsamen Familienmitgliedern weniger Spaß, weil allein die Tatsache, einen lebendigen Menschen mit eigenen Einstellungen zu haben, die nicht über Haken zu ändern sind, eine ganze Menge Leute überfordert.

Diese Menschen haben soziale Kontakte virtualisiert. Aber virtuelle Kontakte sind nicht real. So ein Kontakt findet auf einer ganz anderen Ebene statt und diese Ebene kann man noch nicht mal anfassen – oder haben Sie es schon mal geschafft, durch Ihr Display hindurchzugreifen, um jemandem, der traurig ist, die Wange zu streicheln?

Die Wahrheit in dieser Sache liegt nicht in der Mitte, sondern sie liegt in der persönlichen Kommunikationsfähigkeit des Einzelnen, mit der es ihm gelingt, im Kreise der ihm nahestehenden Personen seine Wert- und Weltvorstellungen »zu verkaufen«.

In Liebe, in Toleranz und in Zurückhaltung. Vielleicht mit Hilfe moderner Medien. Der Apfel der Erkenntnis ist heute der Apple der Versuchung. Also versuchen wir es mal.

Aber noch nie wurde im Internet ein Popo abgeputzt, eine Träne abgewischt oder ein Kotelett gegessen. Falls Sie sich nicht mehr genau erinnern, was wirklich sexy ist, dann können Sie ja jetzt mal vor die Tür gehen und ausprobieren, was passiert, wenn Sie jemanden anstupsen.